たかこさんの
休日の昼から飲みたい!

簡単、絶品 おつまみ

稲田多佳子

マイナビ

はじめに

お酒のあるテーブルが大好きです。
といっても、私は積極的に飲む方ではなく、お酒はほんのたしなむ程度。
だけど、うちの主人をはじめ、まわりはお酒好きさんが多いから、
みんながうちに集まれば、「さぁ、飲ませてやるわよ」とばかりに
飲むよりせっせと腕を振るいます。

一本のお酒があるだけで、その場の空気が和やかで華やかになる。
小洒落たデザインのビールやワインが
お料理と一緒に並ぶ食卓を眺めるのが好きで、
みんなの陽気な笑顔を見るのが好きで……。
お酒が入ると、普段聞けないような本音が聞けたり、
知らなかった意外な一面をちらりと垣間見られたりするのもおもしろくて。
そして何より、「これおいしいね！」と、
お酒が進み、お料理のお皿がどんどん空になっていくのがうれしくて。
いつもお酒に酔うよりも先に、
そんな楽しげな雰囲気に酔いしれています。

家族と、気のおけない友人たちと、
大きな声でおしゃべりして、お腹を抱えて笑い合う。
少々お行儀が悪くたって、まわりを気にすることなく
くつろいで過ごせるのは、家で飲むからこそ。
最高に贅沢な時間ですよね。
それに、ちょっといいお酒やお肉だって、
お店で飲むこと食べることを思えば断然経済的。
まさに家飲みバンザイ！　なのです。

平日、普段の食卓、缶ビールでお疲れさまの夜のひととき。
ときには、休日の昼下がり、
まだ明るいうちからワインをあけたりして……。

リラックスできる格好で、好きなお酒をお気に入りのグラスに注いで。
ほろ酔いのおいしい時間を、ゆるりとご一緒に。

稲田多佳子

普段の食事の支度で、「これはおつまみ」「これはご飯のおかず」と線を引いて作ることって、あまりありません。心も体も幸せでいられるためにはバランスが要と思うので、そのときに食べたいもの、食べて欲しいものを、おつまみを特に意識せずに作ります。それで飲みたくなるお料理が並んでいたら、「ちょっと飲もうかな」と、主人が飲みたいお酒を用意するのがうちの日常。

おつまみでもあり、おかずでもある、そんなうちのご飯。誰か来るときもその延長で、お酒に合うもの、ご飯やパンに合うもの、何でもあり。おつまみとご飯のおかずを作り分けなくたって、いわゆる酒の肴って、実はご飯に合うものが多いんですよね。だから、飲む人も、飲まない、飲めない人も、子どもも一緒に、同じ食卓を賑やかに囲んでいます。

1

便利な買い置き食材に頼る

そのまま食べられて日持ちする食材のストックは欠かしません。わが家の必須常備品はチーズ。3～4種類はそろえる神的存在。缶詰ではツナ、オイルサーディンなども重宝。

2

簡単な下準備を済ませておく

葉野菜や薬味は買ったら、洗ってキッチンペーパーを敷いた食品保存容器へ。すぐに使える状態なら、とりあえずサラダでも、と作る気になり、薬味もさっと添えられます。

3

手軽な料理も薬味でドレスアップ

ねぎや青じその葉などの香味野菜は、のせるだけで、手軽な一皿もごちそうに見えてお得な気分。ハーブ類は小さな鉢植えで栽培するとリーズナブルで、何よりフレッシュ。

4

助かるおつまみ貯金

そのままで、あるいはちょい足しで調理して出せる常備菜的なおつまみを、空いた時間で作り置き。マリネ、きんぴらから豚の角煮まで、冷蔵または小分けしてから冷凍して。

5

でき上がったらそのままテーブルへ

フライパンやお鍋、オーブンから出した耐熱皿もそのままテーブルへ。盛りつける手間を省いた気取りのないライブ感は、おいしいムードを高め、料理の温かさも持続。

6

器の力を借りる

チーズやお漬物を気に入った豆皿にちょんとのせるだけで小粋な酒の肴に見えてくるからおもしろい。あの器を使いたいからもう一品、とモチベーションが上がることも。

家飲み生活を ラクに楽しむための、6つのコツ

目次

3章 一品でボリューム満点！ 肉、魚おつまみ

4章 実はとっても手軽 小鍋料理

5章 欲張ってシメも食べたい ご飯、麺

コラム 2

スライサーおつまみ

コラム 3

かけるだけ、のせるだけの冷やっこアレンジ

コラム 4

調理方法で変身！ 優等生な卵のおつまみ

コラム 5

フレーバーソルト&フレーバーマヨネーズ

コラム 6

使える！おすすめの調味料

本書のレシピの決まりごと

- 1カップは200mℓ、大さじ1は15mℓ、小さじ1は5mℓです。
- 卵はLサイズ、バターは有塩、生クリームは乳脂肪分45%、オリーブオイルはエキストラバージンを使用しています。
- しょうゆは特に記載がないものは「濃い口しょうゆ」を、砂糖は「きび砂糖」を使用しています。
- こしょうは特に記載がないものはお好みのものを使用してください。
- フライパンはフッ素樹脂加工のものを使用しています。
- 電子レンジは600Wを基準にしています。オーブンはガスオーブンを使用しています。加熱時間は熱源や機種によって違いがあるので、様子を見ながら加減してください。

すぐに作れる！

10分おつまみ

1章

すぐに飲み始めたい雰囲気があっても、まずはとりあえず何かお腹に入れてから。心も体も調子よくご機嫌にほろ酔うためには、あせらずのんびりいきたいものです。とはいえ、やっぱり「早くてウマい」がうれしいおつまみ。和えるだけや、のせるだけ、さっと焼いたり、じゃっと炒めたり、さくっと揚げたり。短時間で手間なく用意できるレシピ15品です。スターターとしてのひと皿あり、メインのおつまみにもなるようなひと皿あり。どれも簡単だから難しい顔をしてレシピとにらめっこしなくても大丈夫。おしゃべりしながら楽しく作ってみてくださいね。

01 たたききゅうりとチーズのピリ辛和え

材料（2人分）

きゅうり…1本
プロセスチーズ…30g
Ⓐ ごま油…大さじ1
　白炒りごま、しょうゆ
　　…各大さじ½
　酢、砂糖…各小さじ½
　七味とうがらし…小さじ¼
　にんにくのすりおろし、
　　しょうがのすりおろし
　　…各小さじ¼

作り方

1 きゅうりはめん棒などで軽くたたいてひびを入れ、食べやすく手でちぎる。チーズも小さくちぎる。

2 ボウルにⒶを入れてよく混ぜ、1を加えて和える。

市販のシーズニングミックスがおいしかったので、原材料名を参考に再現してみました。あれば昆布茶やかつお節を少し加えると、旨味がぐんとアップします。

02 カマンベールチーズの山椒佃煮のせ

03 クリームチーズのチャンジャのせ

いますぐ一杯！ そんなときは、冷蔵庫から出してすぐに食べられるチーズに、ちょこっとひと工夫。チャンジャのせは主人のアイデア、山椒とオリーブオイルは私の好みです。

材料（各1人分）

〈カマンベールチーズの山椒佃煮のせ〉
- カマンベールチーズ（ポーションタイプ）… 1個
- 山椒の佃煮（市販）、オリーブオイル … 各適量

〈クリームチーズのチャンジャのせ〉
- クリームチーズ（ポーションタイプ）… 1個
- チャンジャ、刻み海苔 … 各適量

作り方

〈カマンベールチーズの山椒佃煮のせ〉
カマンベールチーズを皿に盛り、山椒の佃煮をのせて、オリーブオイルを軽くかける。

〈クリームチーズのチャンジャのせ〉
クリームチーズを皿に盛り、チャンジャと刻み海苔をのせる。

04 まぐろとアボカドのXO醤和え

干しえび、干し貝柱、にんにくなど、具がたくさん入った、そのまま食べてもおいしいXO醤の力を借りたスピードおつまみ。まぐろとアボカドの相性も、間違いなしです。

材料（2人分）

まぐろ
（刺し身用、切り落とし）…80g
アボカド…1個
青ねぎ…適量
Ⓐ XO醤…大さじ1と½
ごま油…小さじ2
しょうゆ…小さじ1

作り方

1 アボカドは皮と種を除いて食べやすい大きさに切る。青ねぎは小口切りにする。

2 ボウルにⒶを入れてよく混ぜ、まぐろとアボカドを入れて和える。

3 器に盛り、青ねぎをのせる。

05 長いもの生ハム巻き

材料（2人分）

長いも … 約3㎝
生ハム … 6枚
練りわさび、オリーブオイル、
イタリアンパセリ
… 各適量

作り方

1 長いもは皮をむいて食べやすい大きさに切り、生ハムでふわっと包む。

2 器に盛り、練りわさびをのせてオリーブオイルをかけ、イタリアンパセリを添える。

生ハムは定番のワインの友。生ハムの塩気だけで足りなければ、長いもに塩を少しふっておくと味がしっかりします。チーズや野菜など何でもお好みで巻いて、手早く一品に。

たこのカルパッチョ 06

薬味も主役のたこのカルパッチョ。青じその葉、みょうが、青ねぎは、たっぷりのせて。分量すべて同量の簡単和風ドレッシングがたこと薬味をさわやかに繋いでくれます。

材料（2人分）

ゆでたこ …80g

Ⓐ
- 酢 … 大さじ½
- しょうゆ … 大さじ½
- みりん … 大さじ½
- レモン汁 … 大さじ½
- ごま油 … 大さじ½

青じその葉 … 8〜10枚

みょうが … 1個

青ねぎ、白炒りごま … 各適量

作り方

1 ゆでたこは薄いそぎ切りにして皿に並べる。

2 青じその葉は細いせん切り、みょうがと青ねぎはそれぞれ小口切りにして1にのせ、よく混ぜ合わせたⒶをかけ、白炒りごまをふる。

07 鯛のカルパッチョ

材料（2人分）

鯛（刺し身用）…80g
レモン…¼個
しょうが…½かけ
チャービル…適宜
塩、黒こしょう、
　オリーブオイル…各適量

作り方

1 鯛は薄いそぎ切りにして皿に並べる。

2 レモンは仕上げ用に少し取り分けて薄いいちょう切りにする。しょうがはすりおろしてレモンとともに**1**にのせ、あればチャービルを散らす。

3 塩と黒こしょうをふり、レモンを搾ってオリーブオイルを回しかける。

白ワインや日本酒で楽しみたい、塩とオリーブオイルで食べるシンプルなカルパッチョに、しょうがの清涼感をプラス。レモンの代わりにすだちや柚子もおすすめです。

08 豚肉とピーマンとりんごの和え物

ピーマンの軽やかな苦みに、りんごの甘みがやさしい豚肉の和え物。豚肉はさっと炒めましたが、余裕があれば一枚ずつ広げて焼くと、よりきれいにおいしくできます。

材料（2人分）

豚肉（しゃぶしゃぶ用など）
…120g
ピーマン…2個
りんご…⅙個
Ⓐ しょうゆ…大さじ1
　酢…大さじ1
　はちみつ…大さじ½
　粒マスタード…大さじ½
　酒…小さじ1
ごま油、こしょう、白炒りごま
…各適量

作り方

1 豚肉は4〜5cm幅、ピーマンは細切り、りんごは皮つきのまま細切りにする。

2 フライパンにごま油を中火で熱して豚肉を入れ、Ⓐを加えて炒める。豚肉に火が通ったら火を止める。

3 ピーマンとりんごを加え、こしょうをふってさっと和え、器に盛り、白炒りごまをふる。

09 牛肉のわさびバターしょうゆソース

材料（2人分）

牛肉（焼き肉用）…100g
バター…10g
Ⓐ｜しょうゆ … 小さじ1
　｜練りわさび … 小さじ½
青じその葉 … 5〜6枚
スプラウト（ブロッコリースプラウト）…½パック

作り方

1 フライパンを中火で熱し、牛肉を好みの加減に焼いて、皿に盛る。

2 1のフライパンに、バターを入れる。弱火で溶かし、Ⓐを加えて混ぜ、ソースを作る。

3 青じその葉はせん切りにし、スプラウトと一緒に1にのせ、2のソースをかける。

おなじみのバターしょうゆ味もスパイスや薬味を足してみると、たちまちおつまみムードが高まるという一例。スプラウトがなければ青じそだけをどっさりのせても美味。

10 大根のごま油焼き

材料（2人分）

大根 … 3㎝くらい
ごま油、塩、
　黒こしょう … 各適量

作り方

1 大根は好みで皮をむき、厚さ3㎜くらいの薄切りにする。

2 フライパンにごま油を中火で熱して大根を入れ、両面をこんがりと焼く。

3 皿に並べ、塩、黒こしょうをふる。

冷蔵庫に少し残った大根も立派なおつまみの一品に。ポイントは焦げ目がつくまでごま油で焼き、たっぷりの黒こしょうをかけること。塩は大粒の自然塩がおすすめです。

11 かぼちゃのバルサミコ酢きんぴら

材料（2人分）

かぼちゃ…150g（約1/8個）

Ⓐ
- 酒…大さじ1
- しょうゆ…小さじ2
- バルサミコ酢…小さじ2
- はちみつ…小さじ1

黒こしょう、
　オリーブオイル…各適量

黒炒りごま…小さじ1

作り方

1. かぼちゃは種とワタを除き、細切りにする。
2. フライパンにオリーブオイルを中火で熱し、かぼちゃを炒める。油が回ったらⒶを加え、汁気がほとんどなくなるまで炒める。
3. 黒こしょうをふり、黒炒りごまを加えてさっと混ぜて火を止める。

酸味のある甘辛味が好きで、お酢を少し加えたきんぴらが大好物。米酢を使うのがいつもの定番ですが、ときどき黒酢やとろりと甘いバルサミコ酢にして変化を楽しみます。

12 きのことベーコンのアヒージョ

良質の油はむしろ摂るべきと思っているので、オリーブオイルをたっぷりと使うアヒージョも恐れずに作ります。きのことベーコンの旨味が溶け出したオイルも、パンと一緒に。

材料（2人分）

マッシュルーム
…10〜12個
ベーコン…30g
にんにく…1片
赤とうがらし…1本
オリーブオイル、
塩、黒こしょう、
パセリ…各適量

作り方

1 マッシュルームは石づきを除いて2〜4等分、ベーコンは細切り、にんにくはみじん切りにする。赤とうがらしは種を除く。

2 小さなフライパンか小鍋に**1**を入れ、オリーブオイルをひたひたに注ぐ。

3 中火にかけ、ぐつぐつ沸いてきたら弱火にして5分ほど煮る。塩、黒こしょうをふり、パセリをみじん切りにして散らす。

13 さやいんげんのフリット

材料（2人分）

さやいんげん…90gくらい

- Ⓐ
  - 薄力粉…40g
  - 砂糖…小さじ¼
  - ベーキングパウダー…小さじ¼
  - 塩…ひとつまみ
- Ⓑ
  - 卵…1個
  - 牛乳…大さじ2

揚げ油…適量

こしょう、塩、マヨネーズ…各適宜

作り方

1. ボウルにⒶを入れて泡立て器かフォークでよく混ぜ合わせ、Ⓑを加えて混ぜて衣を作る。
2. さやいんげんを1にくぐらせて衣をからめ、中温（約170℃）の揚げ油で色よく揚げる。
3. 好みでこしょうを加えた塩やマヨネーズを添えていただく。

シンプルに塩だけで食べるもよし、本書のフレーバーソルトやマヨネーズ（P94）を添えるもよし。さやいんげんに薄力粉（分量外）を薄くまぶしておくと、衣がよくつきます。

14 モッツァレラチーズとブラックオリーブのバゲットサラダ

材料（2人分）

バゲット … 4〜5㎝
モッツァレラチーズ … 100g
バジルの葉 … 4〜5枚
ブラックオリーブ … 10個
Ⓐ オリーブオイル … 大さじ2
　酢 … 小さじ2
　塩 … 小さじ¼
　砂糖 … ひとつまみ
黒こしょう … 適量

作り方

1 バゲットは食べやすいサイズに小さく切って、トースターで香ばしく焼く。モッツァレラチーズとバジルの葉は小さくちぎる。

2 ボウルにⒶを入れてよく混ぜ、1とブラックオリーブを加えてさっくりと混ぜる。

3 器に盛り、黒こしょうをふる。

カプレーゼを作ろうとモッツァレラとバジルを用意したのに、肝心のトマトを買い忘れ。代わりに冷蔵庫にあったブラックオリーブを入れてみたら、大当たりでした。

15 ねぎマヨトースト

材料（1枚分）

食パン（5～6枚切り）… 1枚

Ⓐ 長ねぎ（みじん切り）… 大さじ3
　マヨネーズ … 大さじ3
　粉チーズ … 大さじ2

青ねぎ … 適量

作り方

1 ボウルにⒶを入れてよく混ぜ、食パンに塗り、トースターで好みの加減に焼く。

2 食べやすく切り分けて皿に盛り、青ねぎを小口切りにして散らす。

ピザがおつまみになるんだからこの手のトーストだってありだよね、とよく作ります。みじん切りにするねぎは、長ねぎでも青ねぎでも玉ねぎでも、家にあるものでどうぞ。

コラム

1 レンジで簡単！蒸しポテト

ラップで包んでレンジで加熱。
あっという間にほくほくポテトのでき上がり。
ざっくり崩してお好みのトッピングをのせれば、
たちまちかわいくておいしいおつまみに。
「あともう一品！」、そんなときにも便利なレシピです。

基本の蒸しポテト

作り方

じゃがいも（小1個）は洗って、水滴をつけたままラップでふわりと包み、電子レンジで3分ほど加熱する。ようじがすっと通るくらいになったら、ラップのままで2〜3分蒸らして皮をむき、手で割りくずして皿に盛る。

どんな材料とも
相性抜群！
アレンジは無限大！

16

カリカリベーコン

ベーコンと食べる蒸しポテトは
ビールにぴったり。
塩かしょうゆを少しふって。

作り方

好みの量の細かく切ったベーコンをカリッと炒めて蒸しポテトにのせ、パセリのみじん切りを散らす。

18

バターしょうゆ

熱々ポテトにじゅわっと
しみこむバターとしょうゆ。
塩とバターでもいけます。

作り方

好みの量のバターを蒸しポテトにのせ、しょうゆをかける。

17

かつおみそ

刻んだねぎやごまを混ぜるとぐっと
豪華版に。熱々のご飯にのせれば
シメにもおすすめです。

作り方

好みの量の甘めのみそとかつお節を混ぜて蒸しポテトにのせ、七味とうがらしをふる。

20

柚子こしょう マスカルポーネ

こっくりまろやかなマスカルポーネに
さわやかな辛さの柚子こしょうをプラス。
和洋折衷なディップです。

作り方

好みの量のマスカルポーネチーズと柚子こしょうを混ぜて蒸しポテトにのせ、小口切りにしたねぎをのせる。塩かしょうゆを少しかけていただく。

19

マヨキムチ

ピリリとこってりのハーモニー。
キムチの辛みがマヨネーズで
マイルドに。

作り方

好みの量のマヨネーズとキムチを蒸しポテトにのせる。

まずは野菜から！

体にやさしいおつまみ

2章

野菜を食べると何だかいいことをしているような気持ちになるのは、きっと私だけじゃないはず。健康的だし、好きなだけ食べても胃が軽い、夜遅い時間につまんでも翌日もたれない……ような気がする（笑）。気分先行でも体にやさしい野菜料理を積極的に作りたいと思います。たくさんの野菜を数種類一度に料理するとなると、洗ったり切ったりがめんどうに感じられることもあるけれど、使う野菜が一つや二つならそんなに苦になりませんよね。野菜一つから、少ない材料で作れるおつまみやサラダで、いい気分をおいしく味わいましょう。

21 ちぎりキャベツのピリ辛みそ和え

材料（2人分）

キャベツ … 120gくらい

Ⓐ
- みそ … 小さじ2
- みりん … 小さじ2
- 豆板醤 … 小さじ⅓
- にんにくのすりおろし … 小さじ¼
- 中華だし（粉末）… 少々

作り方

1. ボウルにⒶを入れてよく混ぜる。
2. キャベツを食べやすくちぎって1に加え、和える。

おうちおつまみはこうでなくちゃと、少ない材料であっけないほど簡単な、何度も作りたくなるレシピ。みそダレは何にでも合うから、冷蔵庫にある野菜でアレンジ自在です。

22 揚げなすのにんにくかつおしょうゆ和え

材料（2人分）

なす…2本

Ⓐ
- しょうゆ…大さじ1
- にんにくのすりおろし…小さじ¼

かつお節…1袋（2g）

揚げ油、糸とうがらし…各適量

作り方

1. なすは食べやすい大きさの乱切りにする。やや高めの中温（170〜180℃）の揚げ油で色よく揚げる。
2. ボウルにⒶを入れてよく混ぜ、1とかつお節を加えてさっくりと混ぜる。
3. 器に盛り、糸とうがらしをのせる。

油を吸ってとろんとしたなすに、にんにくの効いたしょうゆは、外せない定番のおいしさ。献立に困ったとき、うちでは頻繁にテーブルに並ぶお助けメニューでもあります。

23 だし汁漬けトマト

材料（2～3人分）

ミディトマト … 6個

Ⓐ
- だし汁 … 1カップ
- しょうゆ … 大さじ1
- みりん …… 大さじ1
- 砂糖 … 小さじ1
- 塩 … 少々

木の芽 … 適宜

作り方

1 トマトを湯むきする。トマトのヘタを取り、熱湯に15秒ほどくぐらせて氷水にとり、皮をむく。

2 鍋にⒶを入れてひと煮立ちさせ、1を加えて火を止める。そのまま冷まし、粗熱がとれたら冷蔵庫でしっかりと冷やす。

3 器にトマトを入れ、だし汁をかけて、好みで木の芽を飾る。

ほんのり甘めのおだしがしみた真っ赤なトマト。おだしにはできれば一晩ひたしたいところ。小さなミニトマトで作ると、女子にはさらに食べやすくておすすめ。

24 粉山椒で食べる れんこんのソテー

材料（2人分）

れんこん…150g
オリーブオイル、
塩、粉山椒…各適量

作り方

1 れんこんは皮をむき、約1cm厚さの食べやすい大きさに切る。

2 フライパンにオリーブオイルを熱して**1**を入れ、表面においしそうな焼き色がつくよう中火で焼き上げる。

3 皿に盛り、塩と粉山椒をふる。

塩と粉山椒でスッキリ食べるのが好みの私に対し、飲み助さんの主人いわく、「焼きれんこんにはマヨネーズに七味が最強！」なんだそうで、こちらもお試しを。

じゃがいもの ローズマリー焼き 25

材料（2人分）

じゃがいも … 2個
にんにく … 1片
オリーブオイル … 大さじ1
ローズマリー… 1枝
塩、黒こしょう … 各適量

作り方

1 じゃがいもはきれいに洗って、1個ずつラップで包み、電子レンジで3分ほど加熱して、ひと口大に切る。にんにくは2等分にして軽くつぶす。

2 耐熱皿に**1**を入れ、オリーブオイルを回しかけ、さっと混ぜる。

3 ローズマリーをのせ、230℃に予熱したオーブンで8分ほど焼き、塩、黒こしょうをふる。

じゃがいもはあらかじめ電子レンジで加熱して、焼き時間の短縮を図ります。焼かずに素揚げにして、ガーリックパウダーとドライハーブをかけてもおいしくいただけます。

26 焼きねぎのマリネ風

材料（2人分）

長ねぎ … 1本

Ⓐ
- 酢、酒 … 各大さじ1
- みりん … 大さじ½
- 薄口しょうゆ … 小さじ1
- 塩 … 少々

ごま油、こしょう … 各適量

煮汁と一緒に保存容器に入れて冷蔵庫へ。食べ頃は翌日。

作り方

1 長ねぎは約5cm長さに切る。

2 小さめのフライパンにごま油を中火で熱し、1を焼く。

3 表面に焼き色がついたらⒶを加えてふたをし、2〜3分加熱して火を止める。

4 そのまま冷まし、こしょうをふる。

作ってすぐに食べられますが、時間を置くとよりおいしくなります。冷蔵庫に作り置きしておけば、とりあえずの一品としてさっと出せる、気の利いたおつまみに。

27 ベビーリーフとしらすと韓国海苔のサラダ

ドレッシングを使わず調味料を順に
かけるだけの簡単サラダ。
味つけ海苔でもおいしくできます。

材料（2人分）

- Ⓐ ベビーリーフ…1パック（40g）
- Ⓐ しらす…15g
- Ⓐ 白炒りごま…小さじ1
- 青ねぎ…適量
- 韓国海苔…1パック（4g）
- ごま油、塩、こしょう…各適量

作り方

1. ボウルにⒶを入れる。
2. 青ねぎは小口切りにし、韓国海苔は手でちぎり、ともに1に加えてさっと混ぜる。
3. ごま油を軽く回しかけ、塩、こしょうをふり、さっくりと混ぜる。

28 キャベツの洋風塩昆布和え

オリーブオイルをごま油にすると
味がガラリと変わり、こちらもおすすめ。
ごま油で作るならカレー粉なしにしても。

材料（2人分）

- キャベツ…150g
- Ⓐ 塩昆布…大さじ1
- Ⓐ オリーブオイル…大さじ1
- Ⓐ カレー粉…小さじ¼
- 塩、黒こしょう…各適量
- タイム…適宜

作り方

1. キャベツはせん切りにしてボウルに入れ、Ⓐを加えてさっくりと混ぜる。塩、黒こしょうで味を調える。
2. 器に盛り、好みでタイムを飾る。

29 オレンジとディルのサラダ

材料（2人分）

オレンジ … 2個
赤玉ねぎ … 1/6個
ディル … 適量
塩、黒こしょう、
　オリーブオイル … 各適量

作り方

1 オレンジは皮をむいて5mm厚さくらいの薄切りにし、皿に盛る。

2 赤玉ねぎは薄切り、ディルはざっと刻み、**1**に散らす。

3 塩と黒こしょうをふり、オリーブオイルを回しかける。

お料理にフルーツが入ると一気におしゃれっぽさが増し、女子力がアップした気分になります。お好みで白ワインビネガーをかけて、白ワインやシャンパンと一緒に。

30 スナップえんどうとゆで卵のサラダ

添えたバジルの葉は食べるときに小さくちぎり、香りを楽しんで。スナップえんどうは、電子レンジで加熱してもOK。

材料（2人分）

スナップえんどう … 120g
ゆで卵 … 2個
Ⓐ マヨネーズ … 大さじ2
　 にんにくのすりおろし … 少々
塩、こしょう … 各適量
黒こしょう、バジルの葉 … 各適宜

作り方

1 スナップえんどうは筋を取って塩ゆでにし、ザルに上げて冷ます。ゆで卵は粗く刻む。

2 ボウルにⒶを入れてよく混ぜ、**1**を加えて和える。塩、こしょうで味を調える。

3 器に盛り、好みで黒こしょうをかけ、バジルの葉を飾る。

31 水菜とベーコンのサラダ

バルサミコ酢の深みのある酸味がポイント。熟成の年数が若いバルサミコ酢なら、少し煮詰めてから使うと濃厚になります。

材料（2人分）

水菜 … 2株
ベーコン（ブロック）… 30g
オリーブオイル … 大さじ1
塩、黒こしょう、バルサミコ酢 … 各適量

作り方

1 水菜は4〜5cm長さに切り、ボウルに入れる。ベーコンは小さな角切りにする。

2 フライパンにオリーブオイルを中火で熱し、ベーコンを入れてカリッと炒め、油ごと**1**のボウルに入れる。

3 塩、黒こしょうをふり、さっくりと混ぜて器に盛り、バルサミコ酢を回しかける。

32 クレソンと豆とチーズのサラダ

材料（2人分）

クレソン … 1束
サラダ用蒸し豆（市販）… 85g
プロセスチーズ … 40g
オリーブオイル … 大さじ1
塩、黒こしょう … 各適量

作り方

1 クレソンの葉を摘み、茎は食べやすい長さに斜めに切る。チーズは小さな角切りにする。

2 ボウルに1と蒸し豆を入れ、オリーブオイルを回しかけてさっくりと混ぜる。塩、黒こしょうで調味する。

クレソンは葉と茎のやわらかな部分だけを使うと食べやすいので、固い部分は炒め物や汁物などに。チーズはナチュラルチーズのマリボーチーズ、ゴーダチーズなどもおすすめ。

33 かぼちゃのクリームグラタン

かぼちゃに生クリームをかけ、オーブンに入れるだけで、クリームがからんだとろっとしたグラタンに。飲む人にも飲まない人にも、やさしいひと皿です。

材料（2人分）

かぼちゃ…150g（約1/8個）
生クリーム…120g
塩、こしょう、
シュレッドチーズ
　または粉チーズ…各適量

作り方

1 かぼちゃは種とワタを除き、皮をところどころむく。厚さ5㎜程度のひと口大に切って耐熱容器に入れ、軽く塩、こしょうをふってさっと混ぜる。

2 生クリームを**1**に回しかけ、シュレッドチーズをのせて、180℃に予熱したオーブンで30分ほど焼く。

34 セロリと桜えびのかき揚げ

材料（2人分）

セロリ … ⅓本
玉ねぎ … ¼個
桜えび … 大さじ3
薄力粉 … 大さじ2〜3
冷水 … 少量
揚げ油、塩、レモン … 各適量

作り方

1 セロリの葉は小さなざく切り、茎は小口切り、玉ねぎは薄切りにしてボウルに入れ、桜えびを加えてさっと混ぜる。

2 薄力粉をふり入れてさっくりと混ぜ、冷水を様子を見ながら少量ずつ加えてまとめる。

3 **2**を大きめのひと口大にすくって、中温（約170℃）の揚げ油で色よく揚げる。

4 器に盛り、塩とレモンを添える。

セロリが苦手な人でもサクッと食べられるかき揚げです。塩を添え、レモンをぎゅっと搾って。ビールやハイボールと楽しみたい揚げ物は、家で作るからこその揚げたてを、ぜひ。

コラム

2 スライサーおつまみ

その昔、道具に頼るようじゃ料理は
上達しないと敬遠していたのですが、
時が流れて今ではすっかり考えが真逆に。
「こんな便利な道具、使わなくてどうする?!」と、
日々お世話になっています。

36

じゃがいもの ガレット

じゃがいもは水にさらさないことで、
でんぷんが接着剤となり、せん切りの
じゃがいもを上手に繋いでくれます。

材料（1人分）

じゃがいも…1個
バター…15g
塩、黒こしょう、パセリ…各適量

作り方

1 じゃがいもはスライサーでせん切りにする（水にはさらさない）。

2 小さめのフライパンにバターを入れて弱めの中火で熱し、バターが溶けたら**1**を入れる。フライ返しなどで押さえながら丸く広げ、ふたをして焼く。じゃがいもがまとまって焼き色がついたらひっくり返し、香ばしく焼く。

3 器に盛り、塩、黒こしょうをふって、パセリをみじん切りにして散らす。

35

にんじんの きんぴら

にんじんのせん切りも、ほんの数分で。
サラダや和え物など、スライサーの活躍で
せん切り料理のレシピが増えました。

材料（2人分）

にんじん（小）…1本
Ⓐ 酒…大さじ½
　しょうゆ…大さじ½
　砂糖…大さじ½
ごま油…適量
白炒りごま…小さじ1

作り方

1 にんじんはスライサーでせん切りにする。

2 フライパンにごま油を中火で熱し、**1**を入れてさっと炒める。油が回ったらⒶを加え、水分がほとんどなくなるまで炒め、白炒りごまを加えてさっと混ぜる。

スライサー

あっという間にせん切りができるスライサー。わが家はごく普通のものを使っています。購入する場合は使いやすいものを選んでください。

38

きゅうりのエスニック和え

ごま油などをつい加えたくなるところだけれど、あえてオイルを使わない軽やかさもいいものです。

材料（2人分）

きゅうり … 1本

Ⓐ ナンプラー … 大さじ½
　レモン汁 … 小さじ1
　にんにくのすりおろし … 少々

黒こしょう … 適量

作り方

1 きゅうりはスライサーでせん切りにしてボウルに入れる。

2 Ⓐを加えて和え、器に盛って黒こしょうをふる。

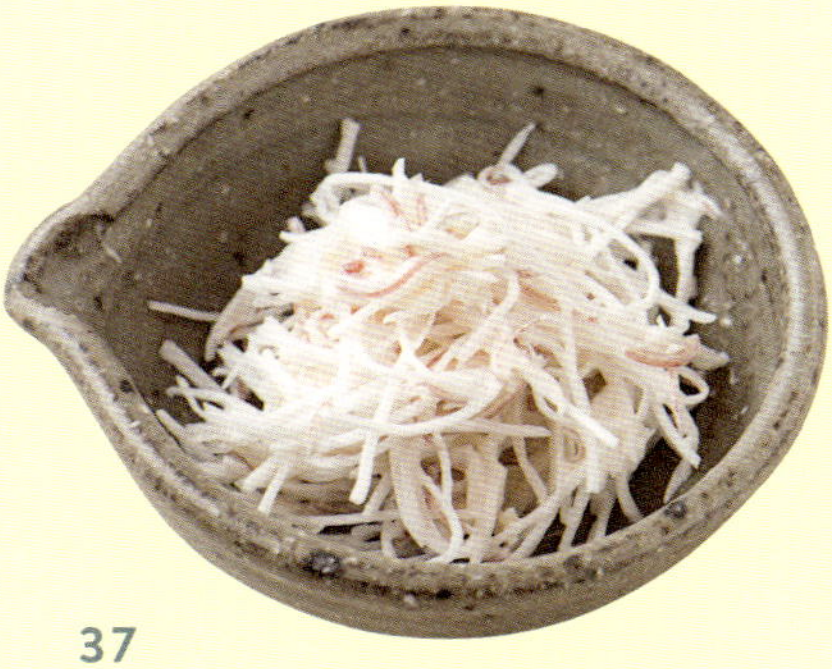

37

大根とみょうがのサラダ

大根とみょうがをマヨネーズでまとめた簡単な和え物サラダ。これにホタテ貝柱の缶詰を足した旨味増量版もお気に入り。

材料（1人分）

大根 … 2㎝

みょうが … 1個

マヨネーズ … 大さじ1

塩、こしょう … 各適量

作り方

1 大根は皮をむいてスライサーでせん切りにする。みょうがは小口切りにする。

2 ボウルに1を入れ、マヨネーズを加えて和え、塩、こしょうで味を調える。

一品でボリューム満点！

肉、魚おつまみ

3章

小さなお皿がちょこちょこ並ぶ中に一つ、テーブルの主役とも呼べるようなボリュームのあるお料理があると、おつまみ献立にもリズムやメリハリが生まれます。主役にするなら特別に気の利いたものを、と考えがちだけど、そんなことはなくて、大きなお料理こそ普通がいい、なんて思う私は考え方が保守的なのかもしれませんね。家族だけの日、誰か来る日にも、作り慣れたものやなじみのある味をどーんと出すことが多いわが家。豚の角煮、唐揚げ、南蛮漬け、じゃがいものグラタンなど、おつまみにもご飯のおかずにも人気で定番のレシピたちです。

豚肉の黒酢煮

黒酢で作る甘酸っぱい酢豚の味をイメージしました。家で食べるぶんには、豚肉の型崩れも気にならないので小さめの鍋でそのまま煮ていますが、持ち寄りやおもてなしなどの場合、たこ糸でしばってから鍋に入れると、きれいに煮上がります。

材料（作りやすい分量）

豚肩ロース肉（ブロック）… 350g
塩、こしょう … 各適量

Ⓐ
- 黒酢 … ¼カップ
- 紹興酒（または日本酒）… ½カップ
- 砂糖 … 大さじ2～3
- しょうゆ … 大さじ½
- しょうが … 1かけ（みじん切り）

イタリアンパセリ … 適宜

作り方

1 豚肉に塩、こしょうをふって、鍋に入れる。Ⓐを加えてふたをする。

2 中火にかけ、煮立ったら弱火にし、ときどき返しながら40分ほど煮てそのまま冷ます。豚肉を取り出し、残った煮汁を中火で煮詰めて、少しとろみがついたら火を止め、ソースにする。

3 豚肉を好みの厚さにスライスして皿に盛り、ソースをかける。好みでイタリアンパセリを飾る。

39

40 豚バラ肉の小さな角煮

材料（作りやすい分量）

豚バラ肉（ブロック）…400g
長ねぎ…2本
にんにく、しょうが…各1片
Ⓐ 酒…½カップ
　水…½カップ
　しょうゆ…¼カップ
　砂糖…大さじ3

作り方

1　豚肉は大きめのひと口大、長ねぎは4〜5cm長さ、にんにくとしょうがはみじん切りにする。

2　鍋に長ねぎを入れ、豚肉をのせて、にんにくとしょうがを散らし、Ⓐを加える。

3　落としぶたをして中火にかけ、沸騰したら弱火にし、鍋にふたをして1時間ほど煮る。さらに鍋のふたを少しずらして1〜2時間煮る。

困っちゃうほどご飯にも合う簡単角煮。下ゆでナシなので煮上がったらいったん冷まし、固まった脂を除いて温め直すとスッキリ。酒はあれば紹興酒に代えるのもおすすめです。

41 タンドリーチキン

材料（2人分）

鶏もも肉（大）… 1枚
塩、黒こしょう … 各適量

Ⓐ プレーンヨーグルト … ¼カップ
トマトケチャップ … 大さじ2
カレー粉 … 大さじ½
ガラムマサラ … 小さじ½
にんにくのすりおろし … 小さじ½
しょうがのすりおろし … 小さじ½

作り方

1 鶏肉は余分な脂を除いて4等分し、軽く塩、黒こしょうをふる。

2 ビニール袋にⒶと1を入れてもみ込み、半日〜一日冷蔵庫に置く。

3 天板にオーブンシートを敷き、鶏肉の皮目を上にして並べ、180℃に予熱したオーブンで25分ほど焼く。

漬け込んで焼くだけで、ビールに合うスパイシーな一品に。鶏肉をおいしくしてくれるヨーグルトのパワーを実感できる料理です。スパイスの分量はお好みで加減をしてください。

42

鶏手羽元の梅煮

梅干しでさっぱりと煮た鶏肉に、たっぷりのせる仕上げの青じその葉がフレッシュで、お酒もついつい進みます。お鍋ごとどーんと出すと、テーブルがパッと賑やかに。骨つき肉が苦手な方は、鶏もも肉でどうぞ。

材料（2～3人分）

鶏手羽元…6～7本
梅干し…2個
Ⓐ 酒…大さじ1と1/2
　みりん…大さじ1と1/2
　しょうゆ…大さじ1と1/2
　水…1/4カップ
ごま油、青じその葉…各適量

作り方

1. 鍋にごま油を中火で熱し、鶏手羽元の皮目を下にして並べ、焼き色をつける。
2. 梅干しをちぎって散らし、Ⓐを入れ、落しぶたをする。煮立ったら少し火を弱め、煮汁が少なくなるまで20分ほど煮る。
3. 鍋ごと、または器に盛り、せん切りにした青じその葉をのせる。

43 鶏の唐揚げ

ハイボールに合いすぎる唐揚げ。甘さを加えないキリッとしたタレにしっかりと漬け込んで、カラリと揚げて。揚げたてにレモンをギュッと搾って食べるのがおすすめです。

材料（2人分）

鶏もも肉（大）… 1枚

Ⓐ
- 酒 … 大さじ1
- しょうゆ … 大さじ1
- 豆板醤 … 小さじ1
- 酢 … 小さじ1
- しょうがのすりおろし … 小さじ1
- にんにくのすりおろし … 小さじ½
- こしょう … 適量

片栗粉、揚げ油 … 各適量

レモン … 適宜

作り方

1 鶏肉は余分な脂を除いて大きめのひと口大に切る。

2 ビニール袋にⒶと1を入れてもみ込み、半日ほど冷蔵庫に置く。

3 ビニール袋から鶏肉を取り出して、キッチンペーパーで汁をふき、片栗粉をまぶしつける。

4 中温（約170℃）の揚げ油で色よく揚げる。器に盛り、好みでレモンを添える。

44 鶏肉のカルボナーラ風

材料（2人分）

鶏もも肉（大）… 1枚
白ワイン … 大さじ½
Ⓐ 卵黄 … 1個
　生クリーム … 大さじ2
　粉チーズ … 大さじ2
塩、黒こしょう、
　オリーブオイル … 各適量
タイム … 適宜

作り方

1 鶏肉は余分な脂を除き、大きめのひと口大に切って塩、黒こしょうをふる。

2 フライパンにオリーブオイルを中火で熱し、鶏肉の皮目を下にして並べて焼く。軽く焼き色がついたら白ワインをふってふたをし、弱火にして8分ほど蒸し焼きにする。

3 鶏肉を返して火を止め、よく混ぜ合わせたⒶを加え、フライパンをゆすりながら余熱でとろりとからめる。

4 器に盛って黒こしょうをかけ、好みでタイムを飾る。

カルボナーラ風、卵とチーズのクリーミーなソースをたっぷりからめながらどうぞ。飲みながら作る、を想定して白ワインを入れていますが、なければ日本酒でもOK。

45 牛肉のクミントマト煮込み

材料（2人分）

Ⓐ
- 牛肉（薄切り）… 150g
- ミニトマト … 10〜12個
- 玉ねぎ … ½個
- クミンパウダー … 小さじ1
- 塩 … 小さじ¼
- 白ワイン … 大さじ2
- オリーブオイル … 大さじ1

塩、黒こしょう、パセリ … 各適量

作り方

1. 牛肉は食べやすい大きさに切る。ミニトマトは2等分、玉ねぎは薄切り、にんにくはみじん切りにする。
2. フライパンにⒶを入れ、軽く混ぜる。ふたをして中火にかけ、ぐつぐつ沸いてきたらふたを外し、ときどき混ぜながら3分ほど煮る。
3. 塩、黒こしょうで味を調え、パセリをみじん切りにして散らす。

フライパンや浅めのお鍋でパパッと作ってそのままテーブルに出し、ワーッと食べたいカジュアルなトマト煮。仕上げにチーズをのせ、とろりとからめるのもお気に入り。

46

肉じゃが ビール煮

材料（2人分）

牛肉（切り落とし）…150g
じゃがいも…2個
玉ねぎ…½個
Ⓐ ビール…¾カップ
　水…¼カップ
　しょうゆ…大さじ2
　砂糖…大さじ1
バター…20g
塩、こしょう…各適量
木の芽…適宜

作り方

1 じゃがいもは皮をむいて食べやすい大きさに切り、水にさらす。玉ねぎはくし形切りにする。

2 鍋にバターを中火で熱して牛肉を入れ、軽く塩、こしょうをふり、さっと炒める。玉ねぎと水気をきったじゃがいもを加え、さっと炒め合わせる。Ⓐを加えてふたをし、煮立ったら弱火にして20分ほど煮る。

3 器に盛り、好みで木の芽を飾る。

ほのかな苦みがじんわり残る大人の肉じゃが。使うビールによって風味が変わるのもおもしろいところです。煮上がったら一度冷まし、食べる前に温め直すと味がしみ込みます。

牛肉のエスニックマリネ

スイートチリソースで簡単に味が決まります。なじみのあるポン酢を加えて和の香り漂うエスニック風に。和えてすぐより少し時間を置いた方がおいしさアップ。パクチー好きさんは、ミントの代わりにパクチーをたっぷり散らしても。

材料（2人分）

牛肉（薄切り）…150g
にんじん…½本
赤玉ねぎ…¼個
酒…大さじ1
Ⓐ スイートチリソース…大さじ2
　ポン酢…大さじ1
　レモン汁…大さじ½
　しょうゆ…少々
ごま油、黒こしょう…各適量
ミントの葉…適宜

作り方

1 牛肉は食べやすい大きさに切る。にんじんはせん切り、赤玉ねぎは薄切りにする。

2 フライパンにごま油を中火で熱し、牛肉を入れ、酒をふって炒める。火が通ったら、にんじんと赤玉ねぎを加え、さっと混ぜて火を止める。

3 Ⓐを加えて混ぜ、器に盛り、黒こしょうをふってミントの葉を散らす。

47

48 ブリのごまみそ煮

材料（2人分）

ブリ（切り身）… 2切れ

Ⓐ
- 酒 … 大さじ2
- 水 … 大さじ2
- みそ … 小さじ2
- 白すりごま … 小さじ2
- しょうゆ … 小さじ2
- 砂糖 … 小さじ2

片栗粉、ごま油、
白髪ねぎ … 各適量

作り方

1 ブリはそれぞれ2等分にしてキッチンペーパーで水気をふき、片栗粉を薄くまぶす。

2 フライパンにごま油を中火で熱してブリを入れ、表面を焼く。焼き色がついたら、合わせたⒶを加え、途中でブリを2～3度返しながら煮汁がとろりとするまで煮る。

3 器に盛り、白髪ねぎをのせる。

ブリにまぶした片栗粉のおかげで甘辛いごまみそだれがしっかりなじみます。白髪ねぎとの相性もばっちりで、しょうがや七味を添えてもOK。サバに代えてもおいしくできます。

49 ししゃもの南蛮漬け

材料（2〜3人分）

ししゃも … 8尾
玉ねぎ … ¼個
万願寺とうがらし
　… 2〜3本
赤とうがらし … 1本
Ⓐ 酢 … 大さじ3
　しょうゆ … 大さじ3
　砂糖 … 大さじ2
　だし汁 … 大さじ3
薄力粉、揚げ油、
　黒こしょう … 各適量

作り方

1 玉ねぎと万願寺とうがらしは細切り、赤とうがらしは種を除いて小口切りにする。

2 Ⓐと赤とうがらしを鍋に入れて中火にかけ、ひと煮立ちしたら玉ねぎと万願寺とうがらしを入れてさっと混ぜ、火を止める。

3 キッチンペーパーでししゃもの水気をふき、薄力粉をまぶしつける。中温（約170℃）の揚げ油でからりと揚げ、容器に並べる。

4 2をかけて黒こしょうをふり、粗熱がとれたら冷蔵庫に入れ、1時間以上置いて味をなじませる。

下処理いらずのししゃもで作る手軽な南蛮漬けです。揚げるのがめんどうなときはフライパンで焼いてもかまいません。万願寺とうがらしをピーマンに変えてもOKです。

50 あさりとニラのチヂミ風

材料（2～3人分）

あさり（むき身）…60g
ニラ…½束
長ねぎ…¼本
Ⓐ 薄力粉…大さじ2
　片栗粉…大さじ2
　塩…ふたつまみ
卵…1個
ごま油…適量
酢じょうゆ（酢としょうゆを合わせたもの）、またはポン酢…適量

作り方

1 ニラは約3cm長さ、長ねぎは小口切りにする。

2 ボウルにⒶを入れ、菜箸でよく混ぜる。卵を加えて混ぜたら、あさりと**1**を加え、さっくりと混ぜる。

3 フライパンに少し多めのごま油を中火で熱して**2**を流し入れ、両面香ばしく焼く。

4 食べやすい大きさに切って皿に盛り、酢じょうゆやポン酢など、好みのタレを添える。

ニラどっさりの粉ものおつまみ。たこを合わせるのもおすすめです。ごま油は少し多めに入れ、風味よく香ばしく焼くのがポイント。食欲をそそる香りについ箸が進みます。

51 サワラの柚子こしょうオイル焼き

材料（2人分）

サワラなど白身魚（切り身）
…2切れ

Ⓐ 柚子こしょう…小さじ½
オリーブオイル
…小さじ½

粉チーズ、パン粉、
オリーブオイル、しょうゆ
…各適量

作り方

1 サワラはキッチンペーパーで水気をふいて耐熱皿に並べ、Ⓐをよく混ぜて塗る。

2 粉チーズ、パン粉を順にふり、オリーブオイルを軽く回しかけて、200℃に予熱したオーブンで10分ほど焼く。

3 2にしょうゆを少したらして食べる。

ピリッとさわやかな柚子こしょうが効いた和洋折衷のお魚料理。火加減いらずのオーブンで、ふっくらカリッと焼き上げます。鯛やタラなど、その時季の白身のお魚で。

52 カニのあんかけ茶碗蒸し

蒸し器いらずの簡単茶碗蒸し。大きめの鉢にまとめて作り、食べたい分だけすくって取り分けるスタイル。中に具を入れない代わりに、カニのあんを仕上げにたっぷりかけました。

材料（2〜3人分）

卵…2個

Ⓐ
- だし汁…210mℓ
- 薄口しょうゆ…小さじ1
- みりん…小さじ1

〈カニあん〉
- 長ねぎ…¼本
- だし汁…½カップ
- カニ缶（小）…1缶
- 片栗粉…小さじ1
- 塩…適量

万能ねぎ…適量

作り方

1. カニあんを作る。長ねぎは4〜5cm長さの細切りにし、小鍋に入れる。だし汁とカニ缶を汁ごと加えて中火にかけ、3〜4分煮る。塩で味を調え、同量の水（分量外）で溶いた片栗粉でとろみをつける。
2. 茶碗蒸しを作る。ボウルに卵を入れて溶きほぐし、Ⓐを加えてよく混ぜる。茶こし（またはザル）でこしながら、鉢に注ぎ入れる。
3. ラップをふわりとかけ、電子レンジ弱（200W）で様子を見ながら8分ほど加熱する。取り出して1をかけ、万能ねぎを小口切りにして散らす。

53 じゃがいもとホタテのミルクグラタン

材料（2人分）

じゃがいも … 2個
ホタテ缶（小）… 1缶
Ⓐ 牛乳 … 1と¼カップ
　にんにくのすりおろし … 小さじ½
　塩 … 小さじ¼
シュレッドチーズ、黒こしょう … 各適量

作り方

1 じゃがいもは皮をむき、ピーラーで薄く削りながら鍋に入れる。ホタテ缶（汁ごと）とⒶを加え、さっと混ぜる。

2 中火にかけ、煮立ったら弱火にし、じゃがいもがやわらかくなるまで10分ほど煮る。

3 耐熱皿に入れ、シュレッドチーズをのせて、230℃に予熱したオーブンで焦げ目がつくまで10分ほど焼く。黒こしょうをふって仕上げる。

生クリームを使わないあっさり系のグラタン。じゃがいもは水にさらさず、じゃがいものでんぷんをとろみに利用します。ピーラーがなければせん切りや薄切りにしてもOKです。

コラム

3 かけるだけ、のせるだけの冷やっこアレンジ

どんなトッピングも受け止めてくれる
懐の深さも頼もしい豆腐。
かけるだけ、のせるだけのおつまみ代表選手といえば、
やっぱり冷やっこではないでしょうか。
手軽な6つのバリエーションをご紹介します。

54

オニオンスライス

かつおのたたきを食べるときの
定番トッピングを冷やっこに
応用しました。

作り方

薄切りにした玉ねぎ、かつお節、しょうがのすりおろしを豆腐にのせ、ポン酢をかける。

55

じゃことナッツ

相性のよいじゃことナッツを
炒め合わせて、
さらに香ばしく仕上げました。

作り方

フライパンにごま油を入れて中火で熱し、細かく砕いたくるみとカシューナッツ、ちりめんじゃこを炒め、しょうゆを加えて調味し、豆腐にのせる。

56

きゅうりおろし

すりおろしたきゅうりの
グリーンがさわやか。
わさびは混ぜ込まずに添えても。

作り方

きゅうりをすりおろし、練りわさび少々とオリーブオイルを混ぜて豆腐にのせ、しょうゆをかける。

57

ミニトマト

こちらは冷製和風
トマトパスタの応用編。
甘みの強いミニトマトがよく合います。

作り方

小さく切ったミニトマトとせん切りにした青じその葉を豆腐にのせ、だししょうゆとごま油、またはオリーブオイルをかける。

58

ザーサイと天かす

ザーサイの塩気で食べる
冷やっこなので、ザーサイは
たっぷりのせましょう。

作り方

ザーサイは細かく刻み、ねぎは小口切りにする。天かす、白炒りごまとともに豆腐にのせ、ラー油をかける。

59

塩とオリーブオイル

豆腐そのものの味わいが際立つ一品。
塩は大粒の天然塩、オリーブオイルは
おいしいエキストラバージンでぜひ。

作り方

豆腐に塩をふって、オリーブオイルをかける。

実はとっても手軽

小鍋料理

4章

材料を入れたらふたをして煮るだけ、手軽さとおいしさに惚れ惚れする鍋料理。これを冬場のお楽しみだけに取っておくなんてもったいないと小鍋料理にアレンジし、季節を問わず一年中テーブルに並べています。うちでよく使っているのは、少し深さのある直径14cmから、一人分の土鍋くらいまでの大きさで、容量８００mℓ程度入るものです。小さいからお鍋のまま出してもじゃまにならず、お料理の温かさも長続き。煮汁が残ればご飯や麺を入れてシメになるのも、鍋料理のうれしいところですよね。これひと鍋で満腹になるから、一人飲みにもどうぞ。

60 鶏肉とねぎの小鍋

材料（2人分）

鶏もも肉（大）…1枚
長ねぎ…1本
Ⓐ だし汁…1カップ
　みりん…小さじ2
　しょうゆ…小さじ2

作り方

1 鶏肉は余分な脂を除いて大きめのひと口大のそぎ切りに、長ねぎは斜め切りにする。

2 小さめの鍋に1とⒶを入れ、ふたをして中火にかける。煮立ったらアクをとり、弱火にして15分ほど煮る。

ごくごくシンプルな小鍋ですが、これが実にウマいのです。日本酒にぴったり。おいしいだし汁を使うのがいちばんのポイントかな。お好みで柚子こしょうや粉山椒を添えても。

61 鶏肉とチンゲン菜のごま豆乳鍋

材料（2人分）

鶏むね肉…1枚
チンゲン菜…1株
Ⓐ 豆乳…1カップ
　酒…大さじ1
　しょうゆ…小さじ1
　中華だし（顆粒）…大さじ½
白すりごま…大さじ1
塩、こしょう、ごま油、万能ねぎ…各適量

作り方

1 鶏肉は余分な脂を除いて大きめのひと口大のそぎ切りにし、塩、こしょうをふる。チンゲン菜はざく切りにする。

2 小さめの鍋に1を入れ、Ⓐを加える。ふたをして中火にかけ、軽く煮立ったら弱火にして10分ほど煮る。

3 白すりごまをふり、万能ねぎを小口切りにして散らし、風味づけにごま油を少量たらす。

鶏肉は、もも肉だと味に厚みが出るのだけれど、ここはあっさり食べられるむね肉にしました。中華だしは「創味シャンタン」の粉末タイプを使用。簡単に味が決まって便利です。

62 大根とソーセージとちくわの洋風ミニおでん

材料（2人分）

大根…6㎝くらい
ソーセージ…4本
ちくわ…1本
Ⓐ 水…1と½カップ
　酒…大さじ1
　コンソメ（顆粒）…小さじ1
　塩…少々
黒こしょう…適量

作り方

1 大根は皮をむいて小さめの乱切り、ちくわは斜めに4等分にする。

2 小鍋にⒶと大根を入れてふたをし、中火にかける。煮立ったら弱火にし、5〜10分ほど煮る。大根がやわらかくなったら、ソーセージとちくわを加え、10分ほど煮る。

3 仕上げに黒こしょうをふる。

おでんも小鍋なら、ちょっとだけつまみたいときに丁度よいサイズ。コンソメで煮たのでポトフのような仕上がりに。和辛子や「ディジョンマスタード」をちょんとつけながらどうぞ。

63 豚肉と白菜の にんにく みそ小鍋

材料（2人分）

豚バラ肉（薄切り）… 150g

白菜 … ⅛個

Ⓐ
- 酒 … 大さじ2
- みそ … 大さじ1と½
- しょうゆ … 大さじ1
- みりん … 大さじ1
- 豆板醤 … 小さじ½
- にんにくのすりおろし … 小さじ½
- しょうがのすりおろし … 小さじ½

万能ねぎ、糸とうがらし … 各適量

作り方

1 豚肉は食べやすい長さに、白菜はざく切りにする。

2 小さめの鍋に豚肉と白菜を交互に重ねて入れ、よく混ぜたⒶを回しかける。ふたをして中火にかけ、ぐつぐつ沸いてきたら弱火にして10〜15分煮る。

3 ざっと混ぜ、仕上げに万能ねぎを小口切りにして散らし、糸とうがらしをのせる。

うちの定番、豚肉＋鶏肉＋白菜で作る大鍋をおつまみ小鍋にアレンジ。マイルドな辛みなので、辛党の方は豆板醤を増やしたり、一味や韓国とうがらしをかけたりしても。

豚肉とレタスの重ね小鍋

スライスレモンがパッと目をひくかわいい小鍋。豚肉とバターでコクがあるわりに、味わいはすっきり。レタスはたっぷり入れても煮上がるとカサが減るので、おさえるようにしながら豚肉と重ねて入れます。

材料（2人分）

豚肩ロース肉（薄切り）…150g
レタス…4～5枚
レモンの輪切り…3～5枚
Ⓐ
- 酒…大さじ1
- にんにくのすりおろし…小さじ½
- 塩…小さじ¼
- 水…大さじ1

バター…20g
黒こしょう…適量

作り方

1. 豚肉とレタスは食べやすい大きさに切る。
2. 小さめの鍋に、豚肉とレタスを交互に重ねて入れ、Ⓐを加えてレモンをのせる。バターをのせてふたをし、中火にかけて6～8分煮る。
3. ざっと混ぜ、黒こしょうをふる。

64

65 牛肉と青ねぎのすき煮

材料（2人分）

牛肉（薄切り）…150g
青ねぎ…1束
Ⓐ 水…大さじ2
　赤ワイン…大さじ2
　しょうゆ…大さじ2
　砂糖…大さじ2
卵…適宜

作り方

1 青ねぎは葉先のやわらかい部分と根元の固い部分に分け、それぞれ食べやすい長さの斜め切りにする。

2 小さめの鍋に、青ねぎの根元とⒶを入れてふたをし、中火にかける。青ねぎがくたっと煮えたら、牛肉と残りの青ねぎを入れ、ときどき混ぜながら3〜5分煮る。

3 好みで溶き卵をからめて食べる。

ねぎ好きさんにはたまらない、青ねぎがどっさり入った小鍋です。赤ワインで洋風すき焼きをイメージした濃いめの味つけなので、お好みで溶き卵をからめながらどうぞ。

66 牛肉と豆腐のキムチ小鍋

材料（2人分）

牛肉（切り落とし）… 120g
豆腐（木綿）… 1丁
キムチ … 80g
Ⓐ 酒 … 大さじ2
　しょうゆ … 大さじ1と½
　白すりごま … 大さじ1
　砂糖 … 小さじ2
　コチュジャン … 小さじ2
青ねぎ … 適宜

作り方

1 豆腐は水切りして、食べやすい大きさに切る。ボウルにⒶを入れて混ぜ、牛肉を加えてよくもみ込む。

2 小さめの鍋に、牛肉と豆腐を縦に交互に重ね入れ、ボウルに残った汁も入れる。

3 キムチをのせてふたをし、中火にかける。ぐつぐつ沸いてきたら弱火にし、10〜15分煮る。

4 好みで青ねぎを小口切りにして添える。

ちょこっとピリ辛のキムチ小鍋。牛肉に調味料をしっかりもみ込み、お肉の下味とお鍋の味つけを同時に。豚バラや豚肩ロースの薄切りなどでも作ってみてください。

67 鮭ときのこのみそバター小鍋

材料（2人分）

鮭（切り身）… 2切れ
しめじ … 1パック
えのきだけ … ½パック
Ⓐ 水 … 大さじ2
　 みそ … 大さじ2
　 酒 … 大さじ1
　 みりん … 大さじ½
バター … 15g
青ねぎ … 適量

作り方

1 鮭はキッチンペーパーで水気をふいてそれぞれ2等分にする。しめじとえのきだけは石づきを除き、食べやすくほぐす。

2 小さめの鍋に½量のしめじとえのきだけを広げ、鮭を並べ、残りのしめじとえのきだけをのせる。

3 Ⓐを混ぜ合わせて回しかけ、バターをのせてふたをし、中火にかける。ぐつぐつ沸いてきたら弱火にし、8〜10分ほど煮る。仕上げに青ねぎを斜め切りにしてのせる。

ちょっと甘めのみそ味の小鍋。きのこはお好みのものを数種類合わせると旨味が深くなります。にんにくのすりおろしを少量加えるとさらにおいしくなりますよ。

68 豆腐となめたけの小鍋

材料（2人分）

豆腐（絹ごし）… 1丁
だし汁（薄め）… ½カップ
なめたけ … 80gほど
青ねぎ … 適量
七味とうがらし … 適宜

作り方

1 小さめの鍋に豆腐を大きく手で割って入れ、だし汁を注ぎ入れる。なめたけをのせ、ふたをして中火にかけ、軽く煮立ったら弱火にして4〜5分煮る。

2 仕上げに青ねぎを小口切りにしてのせる。好みで七味とうがらしを添えて食べる。

なめたけにしっかりと味がついているので、だし汁は薄いもので大丈夫。余力があれば大根おろしを添えて。七味とうがらしのほか、わさびもよく合います。

コラム

4 調理方法で変身！ 優等生な卵のおつまみ

70

ゆで卵のディル マヨネーズソース

甘くて清々しい香りがクセになる、
ディルを使ったクリーミーなソース。
ゆで卵にかけるだけで小洒落たひと皿に。

材料（1人分）

ゆで卵 … 1個
マヨネーズ、プレーンヨーグルト
… 各小さじ2
ディル、塩、こしょう … 各適量

作り方

1 ゆで卵は殻をむいてスライスし、器に盛る。

2 マヨネーズとプレーンヨーグルトを混ぜる。ディルを刻み、トッピング分を残して混ぜ、塩、こしょうで味を調える。**1**にかけ、上からトッピング用のディルを散らす。

69

チーズ スクランブルエッグ

「卵のチーズとじ」と言っていいくらい、
どっさり入れるチーズが秘訣。
チーズがとろりの作りたてを召し上がれ。

材料（1人分）

卵 … 1個
シュレッドチーズ … 30〜40g
オリーブオイル、
黒こしょう、パセリ … 各適量

作り方

1 ボウルに卵を溶きほぐし、シュレッドチーズを加えて混ぜる。

2 フライパンにオリーブオイルを強めの中火で熱して**1**を入れ、菜箸で混ぜながら好みの加減に焼く。

3 器に盛り、黒こしょうをかけ、パセリをみじん切りにして散らす。

▶ 毎日食べても飽きない卵。
経済的で日持ちして、どんな食材とも合い、
どんなふうにも調理できる。
生でも食べられるし、すぐ火も通るから、
日々、あの手この手でおつまみに変身させています。

72

味卵

熱湯からゆでることで、とろりと半熟の
卵が安定して作れます。漬け込みには
保存袋などを利用するのがおすすめです。

材料（作りやすい分量）

卵…4〜6個

Ⓐ だし汁…1カップ
しょうゆ…大さじ3
みりん、砂糖…各大さじ1

作り方

1 Ⓐを鍋に入れて強めの中火にかけ、煮立ったら火を止めて冷ます。

2 別の鍋に湯を沸かし、沸騰したら卵を入れ、中火で6分半〜7分ゆでる。すぐに氷水にとり、しっかりと冷やして殻をむき、**1**に漬け込んで、冷蔵庫に一晩置く。

71

卵黄のしょうゆ漬け

クリームチーズやお刺し身にのせて一杯。
熱々のご飯と食べても至福の味わい。
牡蠣じょうゆで作るのがお気に入りです。

材料（1人分）

卵黄…1個

しょうゆ…適量

作り方

1 卵黄1個をおちょこくらいの小さな器に入れ、しょうゆをひたひたに注ぎ（写真**A**）、冷蔵庫に半日〜2日ほど置く。

欲張ってシメも食べたい

ご飯、麺

5章

あれこれつまんでたっぷり飲んでも、最後にご飯ものをひと口でも食べたくなるのはどうしてなんだろうかと考えたとき、鉄板焼きや中華料理のお店で最後に出されるご飯や麺を見て、妙に落ち着くような感覚を思い出します。食事であってもお酒の席であっても、結局ご飯や麺は食べたいし、魅力的なんですよね。そんな食欲を満たすべく、炭水化物の誘惑には素直に乗っかって、お昼ご飯にもなりそうな混ぜご飯、飲んだ後さらっと食べたいお茶漬け、夜食にもぴったりなそばとうどん、おつまみにもいけるパスタなど、さまざまなレシピをご用意しました。

73 かつお節と青じそとにんにくの混ぜご飯

炒めた香ばしいにんにくに、かつお節と青じその葉。そこにしょうゆが加わった、日本人なら誰もが好きなホッとする味。間違いのない組み合わせの混ぜご飯です。

材料（2〜3人分）

温かいご飯…1合分
ごま油…大さじ1
にんにく…1片
薄口しょうゆ…大さじ½
青じその葉…8〜10枚
かつお節…2袋
塩、こしょう…各適量
〈トッピング〉
　かつお節…適量
　青じその葉…2枚

作り方

1 にんにくと青じその葉はみじん切りにする。トッピング用の青じその葉はせん切りにする。

2 フライパンにごま油とにんにくを入れ、中火で炒める。香りが立ったら、しょうゆと青じその葉を加えてさっと混ぜ、火を止める。

3 ご飯を入れ、かつお節も加えてさっくりと混ぜ、塩、こしょうで味を調える。器に盛り、トッピング用のかつお節と青じその葉をのせる。

74 アジとみょうがの混ぜご飯

材料（2〜3人分）

温かいご飯 … 1合分
アジの干物 … 1尾
みょうが … 1個
酒、塩またはポン酢
　… 各適量

作り方

1 みょうがは小口切りにする。

2 アジの干物は表面に酒を少量塗って、魚焼きグリルで香ばしく焼き、頭と骨と皮を除いて身を粗くほぐす。

3 ご飯にみょうがとアジを加えてさっくりと混ぜ、塩かポン酢で味を調える。

しみじみおいしい干物ご飯。加えるのはみょうがだけなのでとっても手軽。干物を焼くのがめんどうなら焼いてあるものを買ってきちゃいましょう。ホッケやサンマなどでも。

75 コーンとじゃこの混ぜご飯

材料（2〜3人分）

温かいご飯…1合分
コーン（缶詰）…120gくらい
じゃこ…15〜20g
バター…20g
しょうゆ…大さじ1と½
白炒りごま…大さじ1
こしょう、パセリ…各適量

作り方

1 フライパンにバターを中火で熱し、汁をきったコーンとじゃこを入れる。炒め合わせてしょうゆを加え、ひと混ぜして火を止める。

2 ご飯と白炒りごまを入れてさっくりと混ぜ、こしょうで味を調える。

3 器に盛り、パセリをみじん切りにして散らす。

買い置きのコーン缶が大活躍。ご飯の中にたくさん混ぜ込んだコーンのプチプチッとした食感が楽しい一品です。じゃこがないときはかつお節でも作ります。

76 三つ葉と塩昆布の混ぜご飯

材料（2～3人分）

温かいご飯 … 1合分
三つ葉 … ½束
塩昆布 … 大さじ2

作り方

1 三つ葉は葉、茎ともに細かく刻む。

2 ご飯に1と塩昆布を加え、さっくりと混ぜる。

三つ葉と塩昆布をご飯にただ混ぜるだけで、何とも言えないおいしさに。三つ葉が苦手な人でも「これならなぜか食べられる！」と好評です。ぜひお試しを。

77 たらことすだちのお茶漬け

清涼感のあるすだちの香りが
だし茶漬けによく合います。だし汁は、
白だしを熱湯で薄めて使うと簡単。
私もよくやります。

材料（1人分）

温かいご飯 … 1膳分
たらこ … 大さじ1
すだち … ½個
熱いだし汁、薄口しょうゆ … 各適量

作り方

1 器にご飯を盛ってたらこをのせ、すだちの皮の一部をみじん切りにして散らす。

2 だし汁の味を薄口しょうゆ少々で調えて1にかけ、すだちの昊汁を搾って食べる。

78 新茶のお茶漬けと箸休め

これぞ正真正銘のお茶漬け。
シメにうれしくなる簡素な味わい。
新茶は出がらしの葉も
おいしく食べられます。

材料（1人分）

温かいご飯 … 1膳分
新茶の葉 … 3〜5g
湯、練りわさび、しょうゆ … 各適量

作り方

1 温かいご飯に新茶の葉約1gをさっくりと混ぜ込み、器に盛る。

2 急須に残りの新茶の葉と湯を入れ、30〜60秒蒸らしてから1にかけ、練りわさびを添える。

3 好みで2の茶葉を取り出し、しょうゆをかけて漬物代わりに添える（写真下）。

79 和風だし カレーそば

材料（2人分）

そば…1束

Ⓐ
- 油揚げ…½枚
- 長ねぎ…½本
- だし汁…2と½カップ
- しょうゆ…大さじ2
- みりん…大さじ2
- カレー粉…大さじ1と½
- 砂糖…小さじ1

〈水溶き片栗粉〉

Ⓑ
- 片栗粉…大さじ1
- 水…大さじ1

青ねぎ…適量

作り方

1 油揚げは細切り、長ねぎは斜め薄切りにする。

2 鍋にⒶを入れ、軽く混ぜてふたをし、中火にかける。煮立ったら、少し火を弱め3分ほど煮て、よく混ぜたⒷを加えてとろみをつける。

3 そばを袋の表示通りにゆでて湯をきる。器に入れて**2**をかけ、青ねぎを小口切りにしてのせる。

サッと作りやすいように具材は油揚げとねぎだけ。ルーを使わずカレー粉に片栗粉でとろみをつけた、飲んだ後の胃にやさしいだしの効いた和風カレー。うどんやご飯でも。

80 桜えびと天かすのっけご飯

材料（1人分）

温かいご飯 … 1膳分
桜えび、天かす、
　焼き海苔、だししょうゆ
　または麺つゆ … 各適量

作り方

1 器に温かいご飯を盛り、桜えび、天かすを好みの量のせる。

2 焼き海苔をちぎって散らし、だししょうゆまたは麺つゆを好みの量かけて食べる。

ご飯に桜えびと天かすをのせ、だししょうゆや麺つゆをたらり。えび天丼に似た味わいが簡単に楽しめます。だし茶漬けにしてもいい組み合わせです。

81 オイルサーディンのっけご飯

材料（1人分）

温かいご飯 … 1膳分
オイルサーディン … ½缶
しょうゆ … 大さじ½
万能ねぎ、ライム … 各適量

作り方

1 フライパンに軽く油をきったオイルサーディンを入れ、中火にかける。香ばしく温まったら、しょうゆを加えて火を止める。

2 器に温かいご飯を盛り、1をのせ、フライパンに残った汁をかける。万能ねぎを小口切りにして散らし、くし形切りにしたライムを添える。

温めたオイルサーディンにしょうゆをかけてねぎをトッピング。これだけをつまみながら飲んでもウマい、缶詰を使ったおつまみです。ライムを搾ってさっぱりと。

82 バターしょうゆと生卵の混ぜうどん

何でもない材料を混ぜるだけで絶品級。買い置き材料で間に合うから、いつでもすぐに作れちゃう。外飲みでも家に帰ってシメで食べたくなる手軽さとおいしさです。

材料（1人分）

冷凍うどん … 1玉
卵 … 1個
バター… 15gくらい
かつお節、青ねぎ、
　白炒りごま、だししょうゆ
　… 各適量

うどんは真ん中をへこませて盛るのがポイント。麺が熱々のうちに混ぜ合わせるとよくからみます。

作り方

1 うどんは袋の表示通りにゆでて湯を切り、器に入れて、バターを混ぜる。

2 真ん中に卵を生のまま割り入れ、かつお節、小口切りにした青ねぎ、白炒りごまを散らす。だししょうゆを好みの量かけ、ざっと混ぜて食べる。

83 いくらと大根おろしのっけうどん

材料（2人分）

冷凍うどん…1玉

Ⓐ だし汁…1と½カップ
　みりん…小さじ2
　薄口しょうゆ…小さじ2

大根おろし、
いくらのしょうゆ漬け、
かいわれ菜、刻み海苔
…各適量

作り方

1 鍋にⒶを入れ、中火にかける。煮立ったらうどんを入れ、袋の表示通り数分煮込んで温める。

2 器に盛り、大根おろしといくらのしょうゆ漬けを好みの量のせ、かいわれ菜と刻み海苔をのせる。

うどん一玉を二人でシェア。たっぷり食べて飲んだ後は、このくらいが丁度いい。夏場は青じその葉をのせた冷製バージョンも。ひんやりと喉ごしがよく、おすすめですよ。

84 アボカドと明太子の冷たいパスタ

材料（2人分）

スパゲッティーニ…120g
アボカド…1個
明太子…½腹
Ⓐ オリーブオイル…大さじ1と½
　だししょうゆ…大さじ½
　牛乳…大さじ½
塩、刻み海苔…各適量
柚子…適宜

作り方

1 アボカドは種と皮を除いてひと口大に切る。

2 ボウルにⒶを入れてよく混ぜ、1と皮を除いた明太子を加えてさっと混ぜる。

3 塩を加えた熱湯（分量外）で、スパゲッティーニを袋の表示より1分ほど長めにゆでる。ザルに上げて氷水で冷やし、水気をしっかりときって、ボウルに入れて和える。

4 器に盛り、刻み海苔をのせる。好みで柚子を搾る。

ここでは1・6㎜のスパゲッティーニを使いましたが、ゆで時間の短い1・4㎜のフェデリーニでもよく作ります。ほんの少し加える牛乳で口当たりがよりまろやかに。

85 海苔クリームペンネ

材料（2人分）

ペンネ…120g
焼き海苔（全型）…2枚
Ⓐ 生クリーム…½カップ
　 牛乳…大さじ2
　 練りわさび…小さじ½
　 昆布茶…小さじ⅓
塩…適量

作り方

1 塩を加えた熱湯（分量外）で、ペンネを袋の表示通りにゆでる。

2 フライパンにⒶと、細かくちぎった焼き海苔を入れて中火にかける。ときどき混ぜながら、軽く煮立ったら火を止める。

3 **1**の湯をきり、**2**に加えて和える。

生クリームにとろけてなじんだ焼き海苔が、食べ応えのあるペンネによくからみます。味の決め手は昆布茶の旨味。しょうゆを少したらして仕上げても。

コラム

5 フレーバーソルト&フレーバーマヨネーズ

塩

88

カレーソルト

食べ方 目玉焼き、焼いたパプリカ、ホタテやえびのソテー、炒め物やチャーハンの仕上げに使っても。

作り方 塩とカレー粉、ガーリックパウダーを混ぜる。

87

黒ごま昆布塩

食べ方 きゅうり、せん切りレタスやキャベツに。ごま油と合わせ、刺し身こんにゃくにもおすすめ。

作り方 塩と黒ごま、昆布茶を混ぜる。

86

チーズソルト

食べ方 魚貝のフリッター、トマトやきゅうり、蒸したブロッコリー、きのこ炒め、焼いたアスパラガスなどに。

作り方 塩と粉チーズ、ミックスペッパーを混ぜる。

91

ペペロンソルト

食べ方 ごぼうの素揚げ、豆腐や牛肉のステーキに。オリーブオイルとともにパスタと和えるのもおすすめです。

作り方 塩と粉とうがらし、ガーリックパウダーを混ぜる。

90

バジルソルト

食べ方 モッツァレラチーズ、蒸し・揚げじゃがいも、鶏肉のソテー、白身魚のムニエルなどと相性抜群。

作り方 バジルの葉をキッチンペーパーにのせ、電子レンジで2分ほど加熱し、パリッと乾燥させる。指先で揉みほぐし、細かくして塩と混ぜる。

89

青海苔塩

食べ方 天ぷら、揚げもち、オリーブオイルと合わせて、イカやホタテのカルパッチョに。おにぎりにしてもOK。

作り方 塩と青海苔を混ぜる。

例えば切っただけの野菜スティック、
焼いただけの野菜やお肉、揚げただけのお魚に。
ちょっと添える塩やマヨネーズに簡単なひと工夫で、
おいしさがいくつにも広がります。
混ぜる割合は好みで調整してください。

マヨネーズ

92

スイートチリマヨネーズ

食べ方　生春巻き、豚しゃぶ、ゆで鶏、焼いた厚揚げ、鶏肉の唐揚げ、魚介のフライなどとよく合います。

作り方　マヨネーズとスイートチリソースを混ぜる。

93

レモンペッパーマヨネーズ

食べ方　ツナとゆで卵、ゆでいんげんやアスパラガス、魚介のフリッター、豚肉の唐揚げなどをさっぱりと。

作り方　マヨネーズとレモン汁、黒こしょうを混ぜる。

94

タバスコマヨネーズ

食べ方　アボカド、大根サラダ、ゆで鶏サラダ、蒸した豆、チキンナゲット、フライドポテトなどに。

作り方　マヨネーズとタバスコ、しょうゆ少々を混ぜる。

95

ポン酢マヨネーズ

食べ方　ツナとかいわれ菜、枝豆とゆで卵、ごぼうサラダ、焼き・揚げれんこん、刺し身と和えて薬味をのせても。

作り方　マヨネーズにゆずポン酢を混ぜる。

96

ねぎみそマヨネーズ

食べ方　セロリ、ちくわ、オクラ、玉ねぎやいんげんの素揚げに。油揚げや白身魚に塗って焼いてもおいしい。

作り方　マヨネーズに好みのみそと小口切りにしたねぎを混ぜる。

97

海苔マヨネーズ

食べ方　ざく切りレタス、蒸しにんじんやじゃがいも、ししとう炒めに。パンに塗ってトーストにしても。

作り方　マヨネーズと海苔の佃煮を混ぜる。

6章

頼りになる
作り置きレシピ

急いでいなくても、あると断然便利なのが、おかずのもとになる作り置き。とりあえずの一品や、あともう一品。一から作るのがちょっとしんどい、そんな日にも。冷蔵庫に「そうだ、あれがあった！」と思い浮かぶ常備菜のありがたいことといったら。ひとつのお鍋でできるものや、ごく簡単な自家製の調味料を、時間のあるときや気が向いたとき、鼻歌気分で作ったり。ご飯のおかずを多めに作り、少し取り分けて保存しておいたり。そんな気楽さで作りためた小さなおかず貯金は、日々のおつまみ作りや食事の支度に大きなゆとりと安心感を与えてくれます。

肉みそそぼろ

→アレンジレシピは100ページ

98

麻婆豆腐でおなじみ、後を引くしびれるような辛みとさわやかな香りが特徴のホワジャオ（花椒）で、キリッと仕上げました。なければこしょうを使ってください。

材料（作りやすい分量）

豚ひき肉…300g
長ねぎ…½本
しょうが…1片
Ⓐ みそ…大さじ2
　酒…大さじ2
　しょうゆ…小さじ1
　豆板醤…小さじ1
　ホワジャオ（パウダー）…小さじ⅓
ごま油…適量

作り方

1 長ねぎとしょうがはそれぞれみじん切りにする。

2 フライパンにごま油を中火で熱し、1を入れてさっと炒め、豚ひき肉を加えてほぐしながら炒める。

3 豚肉の色が変わってきたらⒶを加え、汁気がほとんどなくなるまで炒める。

保存

冷蔵庫で3〜4日、冷凍で2週間ほど（小分けしておくと便利）。

99 牛肉のしぐれ煮

→アレンジレシピは102ページ

材料（作りやすい分量）

牛肉（薄切り）…300g
しょうが…1片
Ⓐ 酒…大さじ3
　 砂糖…大さじ2
　 しょうゆ…大さじ2
ごま油…適量

作り方

1 牛肉は食べやすい長さに、しょうがはみじん切りにする。

2 フライパンにごま油を中火で熱し、しょうがを入れてさっと炒め、牛肉を加えて炒める。

3 牛肉の色が変わってきたらⒶを加え、汁気がほとんどなくなるまで炒める。

保存

冷蔵庫で3～4日、冷凍で2週間ほど（小分けしておくと便利）。

とにかく便利で万能、これだけでも十分なおつまみになるうれしい作り置き。こっくりとやや甘めの味つけがうちの定番です。砂糖の量はお好みに合わせて加減してください。

肉みそそぼろアレンジ

野菜や豆腐など、淡泊な味のものと合わせたり、旨味として炒め物に少し入れたり。そのまま食べるときは、冷蔵庫から出して電子レンジで少し温めると脂が緩みます。

100 肉みそそぼろアレンジ1

サラダ菜包み

肉みそにきゅうりの食感と
マヨネーズのコクを足して、さらにおいしく。
レタスやチシャ菜で包んでも。

材料（2〜3人分）

サラダ菜、肉みそそぼろ（P98）
　… 各好みの量
きゅうり、マヨネーズ … 各適量

作り方

肉みそそぼろ、小さく角切りにしたきゅうり、マヨネーズをサラダ菜にのせ、包んで食べる。

101 肉みそそぼろアレンジ2

オープンオムレツ

卵と合わせて手早く一品。強火でじゃっと
炒めてそぼろ入り半熟スクランブルエッグに
すれば、さらに時短のおつまみに。

材料（2〜3人分）

Ⓐ 卵 … 1個
　牛乳（あれば）… 小さじ1
　肉みそそぼろ（P98）
　　… 大さじ3〜4
ごま油、万能ねぎ … 各適量

作り方

小さめのフライパン（約15cm）にごま油を中火で熱し、混ぜ合わせたⒶを入れ、菜箸で大きく混ぜながら丸く広げる。ふたをして弱火にし、好みの固さに焼き上げる。皿に盛り、小口切りにした万能ねぎを散らす。

102 肉みそそぼろアレンジ3

なすの肉みそがけ

焼きなす、揚げなす、蒸しなすなど、
どんななす料理とも相性抜群。
たっぷりのせて、お好みで酢をかけても。

材料 (2～3人分)

なす … 1本
肉みそそぼろ(P98)、
　ブロッコリースプラウト … 各好みの量
ごま油 … 適量
酢 … 適宜

作り方

フライパンにごま油を中火で熱し、輪切りにしたなすを香ばしく焼く。皿に盛り、肉みそそぼろとブロッコリースプラウトをのせる。好みで酢をかける。

103 肉みそそぼろアレンジ4

春巻き

そぼろに火が通っているから、春巻きの皮が
色づけばOK。表面にごま油を塗って、
トースターで焼いてもおいしい。

材料 (2～3人分)

春巻きの皮 … 2枚
肉みそそぼろ(P98)、
　好みのチーズ、ごま油 … 各適量

作り方

春巻きの皮で肉みそそぼろと小さくちぎったチーズを巻き、フライパンにごま油を中火で熱してこんがりと揚げ焼きする。

牛肉のしぐれ煮アレンジ

野菜にも、パンにも、ご飯にも。和風味のしぐれ煮だから和風アレンジにとこだわらず、和洋中、いろんなアイデアで楽しんでみてください。

104 牛肉のしぐれ煮アレンジ1

おつまみトースト

照り焼きピザ感覚のお惣菜トースト。
しっかり味の甘辛い牛肉にとろけるチーズ、
黒こしょうがアクセントに。

材料（1枚分）

食パン（5～6枚切り）…1枚
マヨネーズ、牛肉のしぐれ煮（P99）、
　シュレッドチーズ…各適量
黒こしょう…適宜

作り方

食パンにマヨネーズを少量塗り、牛肉のしぐれ煮とシュレッドチーズをのせて、トースターでこんがりと焼く。食べやすい大きさに切り分けて皿に盛り、黒こしょうをかける。

105 牛肉のしぐれ煮アレンジ2

トマトのしぐれ煮のせ

トマトの切り方や並べ方でかわいいひと皿に。
盛りつけのおもしろさが味わえます。
トッピングは青じその葉やパクチーでも。

材料（1人分）

トマト…1個
牛肉のしぐれ煮（P99）、三つ葉…各適量

作り方

トマトを薄切りにして皿に並べ、牛肉のしぐれ煮とざく切りにした三つ葉をのせる。

106 牛肉のしぐれ煮アレンジ3

アボカドのしぐれ煮のせ

すぐに作れるフォトジェニックなおつまみ。
アボカドはやわらかく熟したものを。
スプーンを添えると食べやすくて親切。

材料（1人分）

アボカド（半分に切って種を除いたもの）
…1個
牛肉のしぐれ煮（P99）、糸とうがらし
…各適量
ポン酢…適宜

作り方

アボカドは座りがいいように、底になる部分を少し切り落として器に盛る。牛肉のしぐれ煮と糸とうがらしをのせ、好みでポン酢をかける。

107 牛肉のしぐれ煮アレンジ4

ちらし寿司

大きなお皿やお重に作っても華やかです。
おもてなしメニューにもおすすめ。
トッピングをたっぷりのせるのがポイント。

材料（1人分）

すし酢（市販）、牛肉のしぐれ煮（P99）、
温かいご飯…各適量
〈トッピング〉
青じその葉、みょうが、青ねぎ、
刻み海苔、白炒りごま…各適量

作り方

青じその葉はせん切り、みょうがと青ねぎは小口切りにする。ご飯にすし酢を混ぜて器に盛り、牛肉のしぐれ煮をのせ、トッピングを散らす。

韓国風ソース 108

↓アレンジレシピは106ページ

お肉、お魚、野菜、大豆製品、海藻、麺…うれしくなるほど何にでもよく合う、甘くて辛い韓国風のソース。韓国とうがらしがなければ量を加減して一味とうがらしで代用を。

材料（作りやすい分量）

コチュジャン … 大さじ2と½
酢 … 大さじ2
しょうゆ
…大さじ1と小さじ1
砂糖 … 大さじ1
白すりごま … 大さじ1
ごま油 … 大さじ1
韓国とうがらし … 小さじ1

作り方

ボウルにすべての材料を入れてよく混ぜ合わせ、保存容器に入れる。

保存

冷蔵庫で10日ほど。

109 パセリガーリックバター

↓アレンジレシピは107ページ

材料（作りやすい分量）

バター…100g
にんにく …1片
パセリの葉 …1枝分

作り方

にんにくとパセリの葉をフードプロセッサーにかけてみじん切りにする。室温にもどしたバターを加えて撹拌《かくはん》し、均一に混ぜる（フードプロセッサーがない場合は、にんにくとパセリをみじん切りにし、室温にもどしたバターに加えてよく混ぜる）。使いやすいように10gずつに小分けしてラップで包む。

保存

冷蔵庫で3日、冷凍で2週間ほど。

食塩不使用のバターに好みの分量の塩を加えてもOKです。冷凍する場合は冷凍用保存袋に直接入れ、薄い板状にして凍らせても便利に使えます。

韓国風ソースアレンジ

食欲をそそる赤い色味もテーブルの彩りに。こっくりとしたソースにさっぱりした生の野菜を添えた、小さなアレンジ2品です。

110 韓国風ソースアレンジ1

アジの韓国風ソース和え

サッと和えて一品に。香りのよいしその葉やねぎの小口切りをのせても美味。
いかやたこ、ホタテ、サンマなどでも。

材料（2人分）

アジ（刺し身）…60g
韓国風ソース（P104）、水菜、
白炒りごま … 各適量

作り方

アジと韓国風ソースを和える。皿に食べやすく切った水菜、アジを順にのせ、白炒りごまをふる。

111 韓国風ソースアレンジ2

厚揚げの韓国風ソースがけ

豆腐を揚げれば最高だけど、家飲みなら手間いらずの厚揚げを賢く利用。
油揚げでも同じようにおいしく作れます。

材料（1人分）

厚揚げ、韓国風ソース（P104）、
かいわれ菜 … 各適量

作り方

食べやすく切った厚揚げをトースターで香ばしく焼いて皿に盛り、韓国風ソースをかけ、かいわれ菜をのせる。

パセリガーリックバターアレンジ

魚介類にのせてパン粉をふったオーブン焼きも好評です。いろんな食材と合わせて焼いてみてください。

112 パセリガーリックバターアレンジ1

バゲットトースト

文句なしにワインが進むガーリックトーストも、塗って焼くだけで完成です。バゲットにたっぷり塗るのがお約束。

材料（1人分）

バゲット、パセリガーリックバター（P105）… 各適量
塩 … 適量

作り方

バゲットを好みの厚さに輪切りにし、バターを塗ってトースターで焼く。

※パセリガーリックバターを冷凍している場合は、使う日の前日に冷蔵庫に移して解凍させる。または、電子レンジでやわらかくもどして使用する。

113 パセリガーリックバターアレンジ2

にんじんとくるみの焼きサラダ

パセリガーリックバターを溶かすことで味がよくなじみます。黒こしょうは粗挽きがおすすめ。チーズを合わせても。

材料（2人分）

にんじん … 1本
くるみ … 20〜25g
パセリガーリックバター（P105）… 20〜30g
塩、黒こしょう … 各適量

作り方

バターを耐熱ボウルに入れて電子レンジで溶かす。皮をむき、薄切りにしたにんじんとくるみを加えてさっと混ぜ、耐熱皿に入れる。180℃のオーブンで20分ほど焼き、塩、黒こしょうをふる。

コラム

6 使える！ おすすめの調味料

あごだししょうゆ

焙煎された飛魚のだしを加えたやや甘めのニビシ醤油の「あごだし醤油」。豆腐や卵かけご飯、うどんなどを甘めに食べたいときに。

ごま油

松本製油の「玉締めしぼり胡麻油」。低圧で搾られるため熱による変質がほとんどないきれいな金色のごま油。やさしく上品な香りが特徴です。

ペッパーソース

タバスコ代わりに使っているマリーシャープスの「レッドハバネロソース」。ピリッと中辛で、酸味も強すぎず、野菜の旨味も感じられます。

かきしょうゆ

アサムラサキの「かき醤油」。牡蠣のエキス入りで、旨味の強いしょうゆとして使用。これで煮物を作ると一段とおいしくなります。

▶ 質がよくて好みに合う味の調味料は、
小さなおつまみの味を底上げしてくれるから、
いろいろなものを試しながらのおいしい発見が
本当に楽しい。うちにある調味料の中から
お気に入りのいくつかをご紹介します。

粒マスタード

ヒルファームの「マイルドグリーンペッパーコーンマスタード」。辛みはあまりなく、粒マスタードがぷちっと弾けるような食感がやみつきに。

マスタード

ヒルファームの「パブ・マスタード」。和がらしに酸味を効かせたような和の趣が、おでんにもぴったり。様々な料理に合わせています。

スイートチリソース

フラインググースの「スイートチリソース」。エスニック料理には欠かせない調味料の一つ。甘くて酸っぱくてちょい辛がクセになる定番ソース。

練り七味

全笑の「ねり七味」。7つの国産原料を乾燥せずに生のまま練り合わせてあります。“食べる生七味”と呼びたい、しっかりとした味わい。

柚子こしょう

青唐辛子の香りがさわやかな柚子こしょう。和食にはもちろん、洋風料理にも使える万能さがうれしい。こちらは竹八の「ゆずこしょう」。

ラー油

サラリと辛い、島酒家の「くめじまのらー油」。和え物や炒め物に少し加えたり、卵かけご飯にちょっとたらしたり、ラベルもかわいい。

7章

やっぱり甘いものも食べたい

粉ものおやつとデザート

素朴な焼き菓子にラム酒やグランマルニエなどのリキュールを使って、ほんのり大人味に仕上げるのが好きです。また、軽く食べた後、スパークリングワインやデザートワイン、果物の甘いお酒でお菓子をいただくのも、密かに好きな私です。ラム酒をたらしたジャム入りの紅茶でクッキーやスコーンをいただく午後。氷で割った薫り高い梨のお酒にチーズケーキを合わせる夜。一人静かに。しっとりと二人で。そんな雰囲気に酔ってみるのも、お酒の楽しみ方の一つですよね。飲んだ後のデザートとしてはもちろん、おつまみとしてのお菓子も大いにありだと思います。

114 くるみのクッキー

くるみの風味の軽やかなクッキー。ボウル一つでパパッと作れます。ラフで不ぞろいな形が、かえってかわいいと思います。はちみつアイシングは省略し、甘さ控えめにしても。

材料（直径約3.5cm 30個分）

Ⓐ
- きび砂糖…25g
- 塩…ひとつまみ
- 植物油…40g
- 牛乳…15g

Ⓑ
- 薄力粉…80g
- ベーキングパウダー…ひとつまみ

くるみ…60g

〈はちみつアイシング〉
- 粉糖…30g
- はちみつ…10g
- 牛乳…小さじ1

下準備

- くるみをビニール袋に入れてめん棒などでたたき、細かく砕く。
- 天板にオーブンシートを敷く。
- オーブンを170℃に予熱する。

作り方

1 ボウルにⒶを入れ、泡立て器でしっかりと混ぜる。

2 Ⓑを合わせてふるい入れ、くるみを加えて、ゴムべらでさっくりと手早く混ぜ、ひとまとめにする。

3 小さじ1くらいずつ生地を取って、直径3.5cmのゆがんだ円形に手で形作り、天板に間隔をあけて並べる。170℃のオーブンで13分ほど焼き、ケーキクーラーにのせて冷ます。

4 3が完全に冷めたら、はちみつアイシングの材料をとろりとなるまでよく混ぜ合わせ、スプーンでクッキーの表面にかける。

115 チーズクッキー

材料（直径約4cm 23個分）

Ⓐ
- きび砂糖 … 10g
- 塩 … ふたつまみ
- オリーブオイル … 40g
- 牛乳 … 20g

Ⓑ
- 薄力粉 … 80g
- ベーキングパウダー … ひとつまみ

粉チーズ … 35g
黒こしょう … 適量

下準備

- 天板にオーブンシートを敷く。
- オーブンを170℃に予熱する。

作り方

1. ボウルにⒶを入れ、泡立て器でしっかりと混ぜる。
2. Ⓑを合わせてふるい入れ、粉チーズを加えて、ゴムべらでさっくりと手早く混ぜ、ひとまとめにする。
3. 大さじ½くらいずつ生地を取って手で丸め、約8㎜厚さにつぶし、天板に間隔をあけて並べる。170℃のオーブンで15分ほど焼き、ケーキクーラーにのせて冷ます。
4. 粗熱がとれたら黒こしょうをかけて仕上げる。

チーズをたっぷりと混ぜ込んだ、ワインの友にも最適な塩味タイプ。黒こしょうのほか、七味、粉山椒、カレー粉など、仕上げのスパイスで味の表情を変えられます。

116 いちじくの大きなスコーン

材料（約18cm楕円形1個分）

Ⓐ
- 薄力粉…120g
- ベーキングパウダー…小さじ1
- グラニュー糖…25g
- 塩…ひとつまみ

ドライいちじく…80g
生クリーム…120g
粉糖（溶けにくいタイプ）…適量

下準備

- ドライいちじくは細かく刻む。
- 天板にオーブンシートを敷く。
- オーブンを180℃に予熱する。

作り方

1 ボウルにⒶを入れ、泡立て器でぐるぐるとよく混ぜる。ドライいちじくを加えてゴムべらでさっと混ぜる。

2 生クリームを回し入れ、ゴムべらでさっくりと切るようにして粉に混ぜ込む。なじんできたら、混ぜながらときどきゴムべらで生地を押さえるようにしてまとめていく。まとまったら、生地をオーブンシートの上に出し、約18cm長さの楕円形にする。

3 180℃のオーブンで25分ほど焼く。粗熱がとれたら粉糖を茶こしなどで表面にふり、好みの厚さに切り分けて食べる。

焼き上がって熱が落ち着いた頃、好きな厚さに切り分けて。ふんわり泡立てた生クリームやマスカルポーネチーズ、クリームチーズなどを添えるのも、おすすめの食べ方です。

117 ブラックオリーブの四角いスコーン

材料（約4cm角 9個分）

- Ⓐ 薄力粉…120g
- Ⓐ ベーキングパウダー…小さじ1
- Ⓐ グラニュー糖…10g
- Ⓐ 塩…ふたつまみ
- ブラックオリーブ（水煮、種抜き）…50g
- 生クリーム…100g

下準備

- ブラックオリーブは水気を切り、指でつぶして小さく崩す。
- 天板にオーブンシートを敷く。
- オーブンを180℃に予熱する。

作り方

1. ボウルにⒶを入れ、泡立て器でぐるぐるとよく混ぜる。ブラックオリーブを加えてゴムべらでさっと混ぜる。
2. 生クリームを回し入れ、ゴムべらでさっくり切るようにして粉に混ぜ込む。なじんできたら、混ぜながらときどきゴムべらで生地を押さえるようにしてまとめていく。まとまったら、生地をオーブンシートの上に出し、13〜14cm角にする。
3. 4辺をナイフで薄く切り落としてきれいな四角に整えたら、9等分に四角くカットし、間をあけて天板にのせる。切り落とした生地は、丸める。
4. 180℃のオーブンで18分ほど焼く。

ブラックオリーブの塩気に誘われて、ついもう一つ、また一つとつまんでしまう、キューブ形の小さなスコーン。サクッとやわらかな焼きたてを、ぜひ味わってみてください。

118

ベイクドチーズケーキ

湯せん焼きから生まれるしっとりとした口当たりがうれしい、クリーミーでリッチなチーズケーキ。一晩寝かせると、味がなじんで一層おいしくなります。湯せんなしで焼くと、風味が凝縮されたしっかりとした食感の生地に。

材料（13.5×19cmの耐熱皿 1台分）

Ⓐ
- クリームチーズ…120g
- グラニュー糖…40g
- 塩…ひとつまみ

サワークリーム…30g
マスカルポーネチーズ…80g
卵…1個
薄力粉…小さじ1
粉糖…適宜

下準備

- クリームチーズは室温にもどしてやわらかくする。
- 卵は室温にもどす。
- オーブンを160℃に予熱する。

作り方

1 ボウルにⒶを入れ、泡立て器ですり混ぜる。サワークリーム、マスカルポーネチーズ、卵、薄力粉を順に加え、そのつど泡立て器でよく混ぜる。

2 こし器でこして耐熱皿に流し入れ、天板の上に置き、オーブンに入れる。熱湯を天板からこぼれない程度にたっぷりと注ぎ入れて湯せん状態にし、160℃で35分ほど焼く。

3 ケーキクーラーにのせて冷まし、粗熱がとれたらラップをかけ、冷蔵庫でしっかりと冷やす。好みで粉糖をふる。

大きく焼くと、それぞれ食べたい量をお腹に合わせて取り分けられるのが嬉しい。

119

レアチーズケーキ

ラム酒をほんのり効かせた、ちょっぴり大人っぽいレアチーズケーキ。夏には涼しげな透明のグラスに、冬には温かみのある土ものの和食器に。ひんやりデザートは、冷やし固める器で雰囲気がガラリと変わっておもしろいのです。

材料（容量約150mℓのカップ　4個分）

Ⓐ
- クリームチーズ…100g
- グラニュー糖…40g

卵黄…1個分

プレーンヨーグルト…50g

生クリーム…120g

Ⓑ
- 粉ゼラチン…3g
- ラム酒…大さじ1

〈トッピング〉
- 生クリーム、レーズン、ミントの葉…各適量

下準備

- クリームチーズは室温にもどしてやわらかくする。
- Ⓑを合わせてゼラチンをふやかしておく。

作り方

1 ボウルにⒶを入れて泡立て器ですり混ぜる。卵黄、プレーンヨーグルト、生クリームの順に加え、そのつどよく混ぜる。

2 Ⓑを電子レンジに10秒ほどかけて溶かし、1に加えて泡立て器でよく混ぜ、こし器でこしてカップに流し入れる。

3 ラップをかけ、冷蔵庫で2時間以上冷やし固める。食べる前にホイップした生クリームとレーズンをのせて、ミントの葉を飾る。

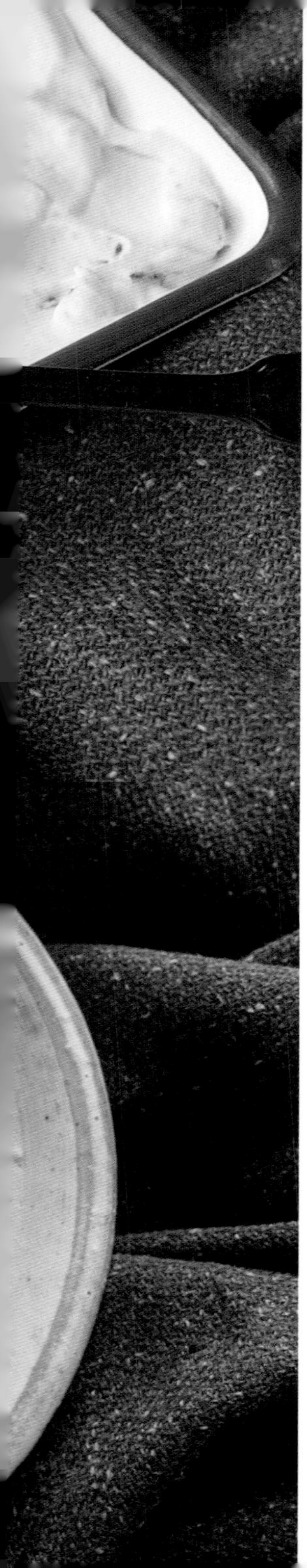

あずきと刻みチョコ入り マスカルポーネアイス

マスカルポーネチーズに生クリームを合わせるだけの簡単なデザートです。ゆであずきと刻んだチョコをザクザク入れ、濃厚だけどクセのないなめらかさに仕上げました。小さなココットなどに作れば、そのままスプーンですくって食べられます。

材料（21×16.5×3cmのバット 1台分）

Ⓐ
- マスカルポーネチーズ…100g
- グラニュー糖…15g
- ラム酒…小さじ2
- 塩…ひとつまみ

生クリーム…120g
ゆであずき…60g
板チョコレート…20g
黒みつ…適宜

下準備

- 板チョコレートは細かく刻む。

作り方

1 ボウルにⒶを入れ、泡立て器でよく混ぜる。

2 別のボウルに生クリームを入れ、泡立て器で7〜8分立てくらいにふんわりと泡立てる。

3 **1**に**2**を加えてゴムべらでさっくりと合わせ、ゆであずきとチョコレートを加えて全体に混ぜる。バットに入れてラップをかけ、冷凍庫で3時間以上凍らせる。

4 固まったらディッシャーやスプーンで丸くすくって器に盛り、好みで黒みつを添える。

120

121 練乳ミルクゼリー

コンデンスミルクで甘みとコクを加えた、つるんとシンプルなミルクゼリー。プレーンな味わいだから、フルーツをのせたり、黒みつやリキュールをかけたり、自由な食べ方で。

材料

（容量150mℓのグラス 4個分）
牛乳 …380g
コンデンスミルク …55g
粉ゼラチン …5g

作り方

1 牛乳80g程度を取り分けて耐熱のボウルに入れ、電子レンジで沸騰直前くらいまで温める。粉ゼラチンをふり入れ、泡立て器でよく混ぜて溶かす。

2 1にコンデンスミルクを加えてよく混ぜ、そのまま混ぜながら残りの牛乳を加える。

3 茶こしなどでこしながらグラスに分け入れ、ラップをかけて、冷蔵庫で2時間以上冷やし固める。

122 はちみつオレンジのグラニテ

オレンジをそのまま凍らせた、とてもフレッシュでさわやかな氷菓子。はちみつのナチュラルな甘さがポイント。凍らせる途中で2～3度もみ混ぜるとなめらかな仕上がりに。

材料（3～4人分）

オレンジ…2個

Ⓐ
- はちみつ…30g
- レモン汁…小さじ1
- リキュール（柑橘系）…小さじ1

チャービル…適宜

作り方

1. オレンジは皮をむいて実を切り出す。Ⓐとともに冷凍用保存袋に入れる。
2. 袋の上から手でオレンジをざっとつぶしながらもみ混ぜ、冷凍庫で3時間以上凍らせる。
3. 固まったら冷凍庫から出し、めん棒などでたたいて崩す。器に盛り、あればチャービルを飾る。

123

抹茶とホワイトチョコレートのクリームムース

ホワイトチョコレートは製菓用がベストだけれど、普通の板チョコでも大丈夫。濃厚だから、デミタスカップやおちょこなど、小さな器に固めて。ディップクリームとして、クッキーなどに添える食べ方もおいしいです。

材料（容量60mℓのカップ 3個分）

ホワイトチョコレート…30g
抹茶…3g
生クリーム…90g
粉糖（溶けにくいタイプ）…適量

下準備

- ホワイトチョコレートは細かく刻む。
- 抹茶を茶こしなどでふるう。

作り方

1 ホワイトチョコレートを電子レンジで溶かし、ボウルに移す。

2 1に抹茶を加え、泡立て器でよく混ぜる。生クリームを少しずつ加え、そのつどよく混ぜる。生クリームが全量入ったら、七、八分程度に泡立てる。

3 カップに入れ、菜箸などでくるくる混ぜて表面をならし、ラップをかける。冷蔵庫で2時間以上冷やす。食べる前に茶こしで粉糖をふって仕上げる。

クリーミーでなめらか。食後のデザートにもおすすめ。

塩チョコレートケーキ

チョコレートが贅沢に溶け込んだ生地は、有塩バターの塩気がポイントです。しっとりさが増す翌日以降が食べ頃。食後のコーヒーに合わせるもよし、赤ワインやリキュール片手にほろ酔い気分で楽しむもよしのおいしさです。

材料

(18×8×6cmのパウンド型1台分)

Ⓐ
- 製菓用チョコレート…65g
- バター…40g
- 牛乳…20g

卵…1個

グラニュー糖…40g

アーモンドパウダー…30g

Ⓑ
- 薄力粉…20g
- ベーキングパウダー… 小さじ$\frac{1}{4}$

ナッツ(くるみ、アーモンド、カシューナッツなど)…40g

下準備

- 卵は室温にもどす。
- ナッツはビニール袋に入れてめん棒などでたたき、粗く砕く。
- 製菓用チョコレートは細かく刻む。
- 型にオーブンシートを敷く。
- オーブンを170℃に予熱する。

作り方

1 Ⓐを耐熱容器に入れ、電子レンジか湯せんにかけてなめらかに溶かす。

2 ボウルに卵を入れて泡立て器でほぐし、グラニュー糖、アーモンドパウダー、1を順に加え、そのつどよく混ぜる。Ⓑを合わせてふるい入れ、粉っぽさがなくなるまで混ぜる。

3 型に入れ、表面にナッツを散らし、170℃のオーブンで25分ほど焼く。型から出し、ケーキクーラーにのせて冷ます。

124

たかこさんの
休日の昼から飲みたい！
簡単、絶品おつまみ

野菜、肉、魚、卵、ご飯、小鍋、麺、デザートなど、
一人でも、友人や家族とでも、どんな場面でも活躍できる
手抜きでおいしいレシピ124

2017年10月27日　初版第1刷発行

著者　稲田多佳子

発行者　滝口直樹

発行所　株式会社 マイナビ出版
〒101-0003
東京都千代田区一ツ橋2-6-3　一ツ橋ビル2F
TEL　0480-38-6872［注文専用ダイヤル］
03-3556-2731［販売部］
03-3556-2735［編集部］
URL　http://book.mynavi.jp

印刷・製本　図書印刷株式会社

○本書は卵、牛乳、小麦等アレルギー物質を含む食品を使用した
レシピを掲載しております。
実際に作る際には、レシピをよくご確認のうえ、ご利用ください。

ISBN978-4-8399-6408-5
C5077

稲田多佳子
(いなだ　たかこ)

京都生まれ、現在も在住。お菓子と料理を作り、食べるのが大好きで、友人たちと家飲みをしばしば開催。夫のお酒好きのおかげで、手軽に簡単に作れるおつまみのレパートリーが増え、和洋中、お酒に合うものを日々考案。著書に『たかこさんのほめられ弁当』、『たかこさんのお弁当　おかず便利帖』、『たかこさんのマフィン型で焼くケーキとお菓子』(小社刊)、『たかこさんが教えてくれた、ボウル1つで手づくりおやつ』(学研プラス) ほか多数。

http://takako.presen.to

インスタグラムアカウント
takakocaramel

料理・スタイリング・撮影／稲田多佳子
デザイン／細山田光宣、藤井保奈(細山田デザイン事務所)
撮影(カバー・章扉・コラム)／masaco
DTP／アーティザンカンパニー
校正／西進社
編集協力／守屋かおる
編集／櫻岡美佳